Arena-Taschenbuch
Band 0358

W0053237

Jutta Pastor (Hrsg.)

Lügen- und Flunkergeschichten

Arena

Die Deutsche Bibliothek – CIP-Titelaufnahme

Lügen- und Flunkergeschichten/Jutta Pastor (Hrsg.).
– 1. Aufl. – Würzburg: Arena, 1994
(Arena-Taschenbuch; Bd. 358
ISBN 3-401-00358-5
NE: GT

1. Auflage dieser Anthologie 1994 als Originalausgabe
im Arena-Taschenbuchprogramm
© 1994 by Arena Verlag GmbH, Würzburg
Alle Rechte vorbehalten
Quellenverzeichnis siehe Seite 166
Umschlag und Vignetten: Silke Brix-Henker
Gesamtherstellung: Chemnitzer Verlag und Druck GmbH,
Werk Zwickau
ISSN 0518-4002
ISBN 3-401-00358-5

Inhalt

Paul Maar

Vorsicht, Niesgefahr!

In Redelberg am Main steht gleich hinter der Ortstafel ein Verkehrsschild, auf dem eine große Nase zu sehen ist. Das Schild bedeutet: Vorsicht, Niesgefahr! Das Straßenverkehrsamt hat es aufgestellt, weil dort Herr Fordwengler wohnt. Wenn Herr Fordwengler niest, fallen im Umkreis von zwölf Metern die Leute zu Boden.

Bei einem besonders starken Niesanfall wurde sogar schon einmal ein Polizeioberwachtmeister mitsamt seinem dunkelgrünen Polizeiauto meterweit durch die Luft geschleudert. Seitdem funktioniert das Blaulicht nicht mehr richtig.

Gott sei Dank niest Herr Fordwengler sehr selten. Außerdem hat er inzwischen gelernt, ziemlich gezielt zu niesen. Aber am Anfang war es wirklich sehr schlimm.

Bis zu seinem dreiunddreißigsten Geburtstag war an Herrn Fordwengler nichts Auffälliges zu entdecken. Er besuchte die Schule, dann gab ihn sein Vater zu einem Schmied in die Lehre, und als er nach drei Jahren mit der Lehre fertig war, arbeitete er als Fliesenleger. Jeden Mittwoch ging er in den Kegelklub, jeden Samstag mähte er seinen Rasen wie alle seine Nachbarn auch. Ab und zu nieste er, besonders dann, wenn er erkältet war.

Drei Tage nach seinem dreiunddreißigsten Geburtstag geschah es zum ersten Mal.

Zusammen mit einem anderen Fliesenleger kachelte er gerade das Badezimmer in einem Neubau. Kurz bevor sie fertig waren, mußte er niesen. Es knallte wie bei einer Explosion, die Kacheln wirbelten durcheinander wie ein Mückenschwarm, der Zement spritzte an die Decke, und die Fensterscheiben fielen nach draußen.

»Eine Gasexplosion!« stellte Herr Fordwengler fest und benachrichtigte die Feuerwehr. Die Feuerwehr suchte das Haus und die Umgebung nach einer undichten Gasleitung ab, konnte aber keinen Fehler finden. Deswegen fuhr sie wieder weg, und Herr Fordwengler und der andere Fliesenleger begannen wieder zu arbeiten. Bis Herr Fordwengler noch einmal niesen mußte: Hatschiii. Und diesmal fielen nicht die Fensterscheiben nach draußen, sondern die ganze Badezimmerwand.

8

»Das ist keine Gasexplosion, das bist du!« rief der andere Fliesenleger und rannte aus dem Neubau. Herr Fordwengler wollte erst noch nicht richtig glauben, daß sein Niesen solche Verheerungen anrichten sollte. Deshalb ging er in den Wald, um es ganz allein auszuprobieren. Er setzte sich auf den Waldboden, kitzelte sich mit einer Vogelfeder in der Nase und schaute gleichzeitig in die Sonne. (Ein sicheres Mittel, wenn man unbedingt niesen will.)

Gleich darauf knallte es wieder, die Bäume bogen sich zur Seite wie bei einem Wirbelsturm, und im weiten Umkreis brachen alle morschen Äste ab. Da wußte Herr Fordwengler genug. Bedrückt ging er nach Hause.

Am nächsten Morgen arbeitete er nicht, sondern suchte einen Arzt auf. Dort wollte er ein Mittel gegen Sturmniesen verschrieben haben. Erst lachte ihn der Arzt aus. Aber als ihn Herr Fordwengler zusammen mit allen ärztlichen Instrumenten durch die geschlossene Tür ins Wartezimmer geniest hatte, hörte er auf zu lachen und holte die Polizei.

Was sollte die Polizei machen? Schließlich nieste Herr Fordwengler nicht aus Böswilligkeit. Im Gegenteil, ihm war die Geschichte furchtbar peinlich. So ermahnte man ihn, in Zukunft besser beim Niesen aufzupassen, und schickte ihn nach Hause.

Herr Fordwengler gab sich von nun an zwar beim Niesen große Mühe, konnte aber nicht verhindern, daß bald darauf in seinem Haus die Fensterscheiben fehlten. Er hatte sie hinausgeniest. Er mußte deshalb bei offenem Fenster schlafen, was er nicht gewohnt war. Aus diesem Grund erkältete er sich und nieste noch häufiger.

Bald darauf gab es in ganz Redelberg weder Menschen noch Kühe, die nicht schon einmal von Herrn Fordwengler aus Versehen umgeniest worden wären. Ihm wurde die Sache immer peinlicher, und er wäre bestimmt trübsinnig geworden, wenn er nicht eines Tages den Trick mit dem Eimer entdeckt hätte.

Als er wieder einmal merkte, daß er niesen mußte, hielt er sich in seiner Verzweiflung einen Eimer vors Gesicht. Er hoffte, daß der Eimer das Niesen dämpfen würde. Zwar wurde dabei der Boden des Eimers hinausgeschleudert und flog wie eine fliegende Untertasse zwei Kilometer weit, bevor er auf einem Acker einen Kartoffelkäfer erschlug. Aber Herr Fordwengler hatte auf diese Art ein erstklassiges Nieszielrohr bekommen. Denn immer, wenn er in Zukunft niesen mußte, hielt er sich den Eimer ohne Boden vors Gesicht. So konnte er den Niesstrahl in jede gewünschte Richtung lenken.

Anfangs nieste er immer zwischen seinem Haus und dem Nachbarhaus hindurch aufs freie Feld.

Dadurch hat sich an dieser Stelle ein ziemlich tiefer Graben gebildet. Später kam er darauf, daß es günstiger ist, senkrecht in die Luft zu niesen. Das geht natürlich nur im Freien.

Jetzt lebt und arbeitet Herr Fordwengler wieder wie früher. Er nimmt nur überallhin sein Nieszielrohr mit. Die Leute haben sich schon daran gewöhnt, daß er manchmal unvermittelt auf die Straße rennt, den Eimer ohne Boden nach oben richtet und donnernd hineinniest. Auf diese Weise kommt keiner zu Schaden.

Nur ein Sportflugzeug, das zufällig über Redelberg hinflog, soll bei schönstem Wetter unversehens in einen schlimmen Luftwirbel geraten sein und wäre um ein Haar abgestürzt.

Der Silberlöwe
mit den spitzen Zähnen

Es gibt wohl tausend verschiedene wilde Tiere
mit Zähnen. Sie sind doppelt so groß wie der
gemeine Kater Bimsel. Man kann sie schon von
weitem riechen, denn sie stinken. Sie haben sehr
scharfe Zähne. Der Mund dahinter ist schön rot.
Tagsüber halten sie sich verborgen, aber in der
Nacht funkeln sie mit ihren Glühaugen.«
»Red doch schneller, Jippi Brown«, rief eine
Maus. »Das wissen wir doch alles von der Schule
aus dem Biologieunterricht!«
»Gut, dann lass' ich das weg. Wir hatten jedenfalls
auch so ein Biest. Nicht im Käfig, klar, sondern
wild in der Steppe. Es war ein Silberlöwe. Er
wohnte irgendwo im Dickicht und war, das könn-

te ich schwören, dreimal so groß wie der Kater Bimsel.«

»Uiiii!« riefen die Mäuse.

»Sechsmal«, sagte der Sheriff.

»Uiiihi!« riefen die Mäuse.

»Hundertmal, tausendmal, millionen, billionen, trillionen!«

Je mehr er log, um so lauter schrie Jippi Brown. Kann sein, vor Aufregung, wenn er sich das alles genau vorstellte.

»Billitrillirillionenmal«, sagte er und sank vor Erschöpfung etwas zusammen. »Wie die ganze Welt so groß, und wenn er wollte, fraß er einen auf. Ich fürchtete mich auch etwas, ehrlich, und am meisten, wenn der Mond schien, weil der Silberlöwe dann weit sehen konnte. Ich brauche mich deswegen nicht zu schämen, denn ich bin ja auch nur eine Maus.«

Es entstand eine Pause. Die Mäuse guckten betreten auf die Erde. Es ist immer etwas peinlich, wenn ein Starker Angst hat. Auch Jippi Brown zwirbelte verlegen seinen Schnurrbart.

»Wir in Mokassin-flat hatten uns an das gefährliche Vieh gewöhnt, legten ihm zeitweilig etwas Fleisch auf das offene Feld, damit er uns in Ruhe ließ, und so lebten wir in den Tag. Das Tier hatte übrigens unheimliche Löwenzähne, spitz wie die Katzenzähne von dem gemeinen Kater Bimsel. Ungefähr dreißig!«

»Dreißig?«

»Fuffzig. Ach was, fuffzig? Hundert, zweihundert, tausend, billitrillimillionen . . .«

Jippi Brown war wieder aufgesprungen, fuchtelte mit den Pfoten in der Luft herum und regte sich auf.

»Ja, und dann kam Mister Fletcher. Ein Englishman aus Südengland, Disterbury-Village-South-West. Er hatte etliche Taschen und Kisten mit Munition dabei und fünf Gewehre in schönen Futteralen, und ich erfuhr auch bald, was er hier wollte: den Silberlöwen abknallen! Ein Großwildjäger also. Er kam mit der Postkutsche. Sie hielt einmal im Monat bei uns und brachte Zeitungen und Konservendosen mit. Er hatte eine Pfeife zwischen den Zähnen und überreichte mir einen Brief:

Nehmen Sie den Mann gut auf, Sheriff; und tun Sie, was er sagt. Lassen Sie ihm jede Hilfe hinsichtlich der Großwildjagd angedeihen, unser Wunsch ist Ihnen Befehl.

Unterzeichnet vom Kaiser von Schottland, von Japan, Polen, Frankreich, Holland, Belgien, Luxemburg, und was weiß ich noch, von wem. Ich konnte die Namen nicht alle lesen, das ganze Zeug war undeutlich geschrieben. Ich sagte: ›No, no, geht nicht, zu groß und solche Zähne!‹

Aber Mister Fletcher aus Disterbury-Village-South-West sagte immer: ›Ye, ye, o.k., tomorrow seven clock seven.‹[*]

Was sollte ich also machen? Er hörte gar nicht hin, wenn ich ihn warnen wollte. So schrieb ich auf einen kleinen Zettel mein letztes Vermächtnis und legte den Wisch in die Schreibtischschublade in meinem Büro. Für mich war es klar: Gegen den Silberlöwen kam keiner an! Meine letzte Stunde war gekommen, denn ich mußte ja wohl oder übel mit auf die Jagd. Brief ist Brief, und Schnaps ist kein Honig!

Meine Stiefel vermachte ich, falls das Vieh sie nicht mitfraß, meinem Freund Flat-foot, das war ein Indianer-Mischling, der besaß nämlich keine Schuhe. Die Hosen, falls das Untier sie nicht mitfraß, sollten verkauft und das Geld unter die alten Leute verteilt werden. Den Sattel und den Cowboyhut, schrieb ich auf den Zettel, sollte man in meinem Sheriffbüro an die Wand hängen, als Wandschmuck. Das sieht doch immer nett aus und erinnert an alte Zeiten.

In mein Amtsbuch schrieb ich noch folgende letzte Eintragung:

21. Juli. In Mokassin-flat nichts Neues. Eintreffen eines gewissen Mister Humphrey Fletcher aus Disterbury-Village-South-West, Südengland. Ge-

---

[*]Bedeutet: »Ja, ja, morgen um sieben Uhr sieben. (Englisch)

hen morgen auf Jagd. Letzter Gruß, Euer früherer Sheriff-Sheriff Jippi Brown.

Den Schubladenschlüssel legte ich unter die Fußmatte. In dieser Nacht schlief ich überhaupt nicht. Ich hatte so ein dummes Gefühl im Magen wie von Stampfkartoffeln.

Fünf vor sieben schlief ich doch noch ein, drei nach sieben rüttelte mich Fletcher an der Schulter und sagte: ›He, man, how are you, come on!‹ Was Englisch ist und soviel heißt wie: Komm mit, Junge, zu unserer Beerdigung!

Fletcher nahm eine kleine Kiste mit Munition und belegte Brötchen mit Käse mit. Mir war immer noch komisch im Magen. Ich mochte auch keinen Schnaps aus seiner Reiseflasche.

Wir schlichen uns gegen den Wind an, was bei der Jagd sehr wichtig ist. Es ist ja so, daß das Raubtier im Gebüsch verborgen liegt. Jeder verbreitet einen gewissen Geruch, den trägt der Wind vor sich her. Riecht das Raubtier nun – falls der Jäger sich mit dem Wind anschleicht – den Geruch, bekommt es riesigen Appetit auf Menschenfleisch. Es bleibt ruhig liegen, bis der Jäger auf einen Meter herangekommen ist, und frißt ihn dann auf.

Deswegen schleicht man sich besser gegen den Wind an. Das Raubtier hat auch einen gewissen Geruch; der Jäger riecht ihn, kann schnell noch die

Flinte laden und dem Raubtier – bam – zwischen die Augen knallen, und aus ist die Jagd!

Schlecht ist es, wenn der Wind sich unterdessen dreht. Und genau das geschah!

Wir schlichen uns richtig gegen den Wind an. Fletcher ging voran, denn er war etwas größer. Alles ging gut, bis das mit dem Wind geschah! Der Wind drehte sich auf einmal. Wir waren schon vier Meter vor dem Silberlöwen, drei Meter, zwei Meter. Wir konnten ihn nicht riechen. Aber er uns! Er riß den Rachen auf – überall Löwenzähne:

Krrrrrrrrchrrrrrrrrch krkr!

Ich höre Fletcher rufen: ›Help!‹ und werfe mich in letzter Sekunde dazwischen, springe dem Untier in den Rachen. Ich denke: Lieber Jippi Brown, leb wohl! Da höre ich es über mir krachen, als ob ein Dreimaster auseinanderbrechen wollte und . . . und . . .«

»Was, Jippi?« schrien die Mäuse. »Warst du tot? Red doch, so red doch schnell!«

»Nicht tot. Ich spürte, wie sich mein Bart zwischen die Kiefer des Untiers stemmte. Der Löwe konnte sein Maul nicht einen Millimeter zusammendrücken. Ich wußte nur eines: eine hundertstel – ach, was sag' ich –, eine tausendstel Sekunde müde werden, und es ist aus mit dir, Sheriff Brown, aus mit Mister Fletcher, aus mit Mokassin-flat, mit der ganzen Welt – alles aus! Und die

Kaiser von Japan und Luxemburg haben den schönen Brief umsonst geschrieben.

Dann ging aber alles ganz einfach. Mister Fletcher verschoß seine Kiste mit scharfer Munition, bis das Untier überhaupt erst mal etwas spürte. Aber dann fiel es tot um. Wäre Fletcher nicht gewesen, ich hätte Hasenfutter aus dem Vieh gemacht, das schwör' ich, aber er wollte das Fell unversehrt haben, bis auf die Kugeleinschüsse natürlich, die konnten zu Hause zugenäht werden. So zog er also dem Tier das Fell über die Ohren und nahm es mit nach Disterbury-Village-South-West. Und dort mag es noch heute an der Wand hängen.

So war das mit dem Silberlöwen. Ich rede nicht gern von meinen Taten und habe die Geschichte noch keinem erzählt. Es kommt nämlich nicht darauf an, was man redet, sondern was man tut. Merkt euch das, ihr Mäuse von Katzelbach!«

Josef Guggenmos

Die Geschichte von Pfingsten bis Weihnachten

Eine Geschichte wollt ihr hören? Eine lange?
Dann laßt euch erzählen von Oma Trefflich und
der Brille. Das ist eine Geschichte! Die reicht von
Pfingsten bis Weihnachten, und mehr könnt ihr
wirklich nicht verlangen.

Am Pfingstsamstag, vormittags um halb zehn,
klingelte es. Das kann nur der Briefträger sein.
Oma Trefflich machte auf. »Oh, guten Morgen,
Herr Taubengleich. Was bringen Sie mir Schönes?«

»Morgen, Oma Trefflich. Hier, ein Brief für Sie.«

»Ein Brief für mich? Wer mag mir nur geschrieben
haben? Ohne Brille kann ich kein Wort lesen, Herr
Taubengleich, seien Sie doch so nett und sagen Sie
mir schnell . . .«

»Poststempel: Duderstadt. Absender . . . Augenblick, Fritz und Helga . . .«

»Fritz und Helga! Meine Enkelkinder! Ei, da bin ich gespannt.«

Oma Trefflich huschte in die Stube, holte eine Haarnadel vom Kopf, öffnete ritsch, ritsch, ritsch! den Umschlag und zog den Brief heraus.

Jetzt fehlte nur noch die Brille. Lag sie im Nähkästchen?

Dort lag sie nicht. Manchmal lag sie auf dem Radio.

Dort lag sie auch nicht.

Sie lag nicht auf der Couch, sie lag nicht unter der Couch.

Sie lag in keiner Schublade, und sie lag nicht im Kochbuch.

Dreimal suchte Oma Trefflich alles durch.

Die Brille war nirgends.

Oma Trefflich stand da und dachte nach. Wenn die Brille nirgends war, wo konnte sie dann noch sein?

Der Kuchenteig! Als es klingelte, hatte sie eben den Teig für den Festtagskuchen in den elektrischen Backofen geschoben.

Wird's dem Teig guttun, wenn man ihn noch einmal herausholt? Kaum. Doch für Fritz und Helga riskierte Oma alles. Sie zog das Kuchenblech hervor und durchsuchte den Teig. Nein, in den Teig war die Brille auch nicht gefallen. Oma

Trefflich schob den Kuchenteig in den warmen Backofen zurück. Klapp, schlug das Türchen zu. Und nun wird's interessant. Wer Oma Trefflich kennt, weiß, daß sie nie im Leben etwas aufgibt. Wenn sie einen Pullover beginnt, wird er zu Ende gestrickt, mag geschehen, was will. Und wenn sie ihre Brille nicht findet, wird gesucht, bis die Brille gefunden ist, und wenn sie die ganze Welt auf den Kopf stellen muß.

Da die Brille im Haus nicht zu finden war, beschloß Oma Trefflich, auch noch die ganze übrige Welt zu durchsuchen. Sie schloß die Haustür zu, legte den Schlüssel in die Dachrinne und marschierte los, den Brief in der Hand.

Sie war noch keine dreihundert Meter gegangen, da begegnete ihr Titus, der Kater. Titus, der zwei Ecken weiter wohnte, war ihr zu Dank verpflichtet. Wenn ihm zu Hause das Essen nicht behagte, durfte er jederzeit bei Oma Trefflich erscheinen, um nachzusehen, ob es bei ihr etwas Besseres gab.

»Titus«, sagte Oma, »du kommst in der ganzen Gegend herum. Hast du irgendwo meine Brille gesehen?«

Titus dachte nicht lange nach. »Maunz! Wer wird sie schon haben? Die Elster, dieses Biest, die klaut doch alles, was blinkt.«

Er schielte auf eine Pappel. Die Elster schien ausgeflogen zu sein.

Flink kletterte der Kater Titus zum Nest hinauf.

Als er zurückkam, brachte er einen Teelöffel, einen Mantelknopf, ein Sportabzeichen und noch allerlei mit. An Brillen hatte er lediglich eine Sonnenbrille vorgefunden.

Damit war Oma nicht geholfen. Sie mußte weitersuchen.

Es gab keinen Winkel, in den sie nicht schaute . . .

In Afrika lag ein Elefant im Steppengras.

»Bester, du liegst auf meiner Brille«, behauptete sie keck. »Steh auf!«

Der Dickhäuter entgegnete, er habe sich eben erst niedergelegt und sie könne nicht verlangen, daß er seine drei Tonnen Gewicht ihretwegen schon wieder auf die Beine stelle; schließlich sei er keine Ameise.

Oma gab natürlich keine Ruhe, bis er sich doch erhob. Er hatte nicht auf der Brille gelegen.

Nicht alle Leute waren so ungefällig wie der Elefant. In Australien rief Oma Trefflich ein vorüberhüpfendes Känguruh an. Bis es zum Stehen kam, war es bereits hundert Meter weitergeschossen, doch es kehrte sofort um und gab bereitwillig Auskunft.

Das Känguruh wußte einen Regenschirm, den jemand weggeworfen hatte, am anderen Ende des Landes, dort, wo es nur alle fünfundzwanzig Jahre einmal regnet. »Aber Ihre Brille liegt nicht in diesem Erdteil. Sie dürfen mir glauben, ich kenne Australien wie meinen Beutel.«

Es ließ Oma Trefflich einen Blick in seinen Beutel tun, in dem ein Känguruhbübchen samt Spielzeug saß, und versicherte, etwas Praktischeres als solch einen Beutel gäbe es auf der ganzen Welt nicht.

So verging die Zeit.

Als Oma Trefflich wieder daheim anlangte und in die Dachrinne griff, mußte sie ihren Haustürschlüssel aus dem Schnee hervorkramen, denn man schrieb bereits den 24. Dezember. Sie öffnete die Tür. O weh! Schwarze Rauchwolken quollen ihr entgegen. Sie hatte vergessen, den elektrischen Backofen auszuschalten.

Oma tat, was man in solchen Fällen tut: Sie schlug sich mit der Hand vor die Stirn.

Da hielt sie die Brille in der Hand!

Ach ja, jetzt fiel ihr alles wieder ein: Sie hatte das Kuchenrezept im Kochbuch nachgelesen und dann die Brille auf die Stirn geschoben . . .

Der Pfingstkuchen glich jetzt einem Brikett.

Aber was schrieben Fritz und Helga?

»Liebe Oma, komm sofort, bei uns gibt's guten Kuchen.«

Als Oma Trefflich in Duderstadt eintraf, wurde sie mit großem Jubel empfangen. Der Pfingstkuchen war natürlich längst aufgegessen, aber dafür stand herrliches Weihnachtsgebäck auf dem Tisch.

Ursel Scheffler

Der Eierklecks

Ein Mann hatte sich beim Frühstück etwas mit Ei bekleckst. Als er beim Weggehen in den Flurspiegel sah, bemerkte er den Fleck auf seiner Jacke. Hastig rannte er ins Bad zurück. Er versuchte, mit einem feuchten Lappen und etwas Seife den Klecks zu entfernen. Aber der Fleck wurde größer statt kleiner.

Da ging der Mann in die Küche, um nach einem Fleckenentferner zu suchen. Aber er fand keinen. Er versuchte es mit einem Putzmittel, einem Spülmittel, einem Scheuerpulver und einem Kalkentferner, denn bekanntlich enthalten Eier auch Kalk.

Der Erfolg war größer, als der Mann wollte: der Fleck wuchs und wuchs. Beim aufgeregten Suchen hatte der Mann außerdem eine Mehltüte heruntergeworfen, ein Marmeladeglas umgestoßen und eine Flasche Ketchup auf dem Küchenboden zertrümmert.

Verzweifelt suchte er nach einem Lappen. Er trat dabei in die Butter, die herausgefallen war, als er im Kühlschrank nach einem Eimer suchte.

Schließlich saß er auf dem Küchenboden und raufte sich die Haare. Sein Blick fiel auf eine Zeitungsanzeige: »Vollreinigung, während sie warten!« Das war die Rettung.

Der Mann lief los, und als er am Flurspiegel vorbeikam, preßte er die Augen ganz fest zusammen. Die beiden ersten Reinigungen wollten ihn gar nicht annehmen. Bei der dritten hätte es drei Tage gedauert.

»So lange kann ich nicht warten!« sagte der Mann und fand endlich eine Expreß-Universal-Total-Reinigung.

Doch dort sagte man mit Bedauern, daß er nicht farbecht sei und daß man nicht für seine Haare und Fingernägel garantieren könnte, von der wunderschönen tiefblauen Augenfarbe ganz abgesehen.

Eine junge Verkäuferin, die Mitleid mit ihm hatte, machte ihn auf ein Wunderfleckenmittel aufmerksam, das im Kaufhaus gegenüber angeboten wurde.

Dem Mann gelang es tatsächlich, sich bis zu dem Verkaufsstand durchzufragen, an dem ein blonder Mann mit rotem Gesicht für sein »Zauberwasser« Reklame machte.

»RADIKAL schafft's allemal!« rief er mit lauter Stimme.

Aber als sich unser Mann endlich durch die gaffende Menge gedrängt hatte, korkte der Verkäufer gerade die Flasche zu und sagte: »Ich mache jetzt Mittagspause!«

Verzweifelt beschloß der Mann zu warten.

Er bemerkte gar nicht, daß sich die Leute nun um ihn scharten. Gespannt sahen sie auf den kunstvoll mit Flecken dekorierten Mann, an dem Mehl, Ketchup und Marmelade klebten.

Ganz zu schweigen von den schillernden Putzstreifen auf den Jackenärmeln, unter denen sich der Eierklecks versteckte.

»Sie sehen viel interessanter aus als Ihr Vorgänger!« sagte eine Frau lachend, und ein Mann meinte ernst: »Sagen Sie mal, macht Ihnen Ihr Beruf wirklich Spaß?«

Da merkte der Mann mit dem Eierklecks, daß man ihn für den Fleckmittelverkäufer hielt. Er witterte eine Chance!

»Meine Damen und Herren!« rief er. »Das ist also unser Fleckmittel RADIKAL. Wie Sie schon aus der Werbung wissen: RADIKAL schafft's allemal! Sehen Sie selbst: Es beseitigt Flecken aller Art . . .«

Dann schüttete er eine Flasche um die andere über

sich: auf den Ärmel, auf die Hemdbrust, auf den Kragen.

Aber wie er es verreiben wollte, bemerkte er, daß seine Jacke keinen Ärmel mehr hatte und sein Hemd keine Brust. Die Leute stießen sich an und fingen an zu raunen und zu tuscheln.

»Alles Reklametricks! Die arbeiten ja heute mit allen Methoden!« sagte eine ältere Frau geringschätzig.

»Von so einem lass' ich mir nichts aufschwatzen!« kicherte ein Mädchen mit einem belustigten Blick auf den halbnackten Mann.

Verzweifelt nahm der Mann die letzte Vorführflasche und goß sie sich über den Kopf. Er sank über den Vorführtisch und hauchte: »RADIKAL schafft's allemal!«

Dann wurde er unsichtbar.

Auf dem Tisch lag nur noch ein winziger gelber Fleck.

Als der richtige Verkäufer wieder zurückkam, sah er verwirrt in die Runde und schimpfte: »Man kann nicht einmal in Ruhe ein paar Würstchen essen! Schon kommt einer und klaut einem die Vorführflaschen. Sehen Sie – so beliebt ist unser Fleckenmittel!« Und schon war er wieder in seinem Element.

Er holte eine neue Flasche aus seinem Musterkoffer und begann von vorne: »Meine Damen und Herren! Unser neues Zaubermittel RADIKAL

läßt alles verschwinden! Denn Sie wissen ja: RA-
DIKAL schafft's allemal. Sehen Sie zum Beispiel
hier diesen kleinen Eierfleck auf der Tischplatte!
Ein winziges Tröpfchen genügt . . .«

Mit einer sachten Handbewegung tupfte er vom
Tisch, was von dem Mann mit dem Eierklecks
übriggeblieben war.

Erich Kästner

Der 35. Mai

Es war am 35. Mai. Und da ist es natürlich kein
Wunder, daß sich Onkel Ringelhuth über nichts
wunderte. Wäre ihm, was ihm heute zustoßen
sollte, auch nur eine Woche früher passiert, er
hätte bestimmt gedacht, bei ihm oder am Globus
seien zwei bis drei Schrauben locker. Aber am 35.
Mai muß der Mensch auf das äußerste gefaßt
sein.

Außerdem war Donnerstag. Onkel Ringelhuth
hatte seinen Neffen Konrad von der Schule abge-
holt, und jetzt liefen beide die Glacisstraße entlang. Konrad sah bekümmert aus. Der Onkel
merkte nichts davon, sondern freute sich aufs
Mittagessen.

Ehe ich aber mit dem Erzählen fortfahre, muß ich
eine familiengeschichtliche Erklärung abgeben:

Also: Onkel Ringelhuth war der Bruder von Konrads Vater. Und weil der Onkel noch nicht verheiratet war und ganz allein wohnte, durfte er an jedem Donnerstag seinen Neffen von der Schule abholen. Da aßen sie dann gemeinsam zu Mittag, unterhielten sich und tranken miteinander Kaffee, und erst gegen Abend wurde der Junge wieder bei den Eltern abgeliefert. Diese Donnerstage waren sehr komisch. Denn Onkel Ringelhuth hatte doch keine Frau, die das Mittagessen hätte kochen können! Und so was Ähnliches wie ein Dienstmädchen hatte er auch nicht. Deshalb aßen er und Konrad donnerstags immer lauter verrücktes Zeug. Manchmal gekochten Schinken mit Schlagsahne. Oder Salzbrezeln mit Preiselbeeren. Oder Kirschkuchen mit englischem Senf. Englischen Senf mochten sie lieber als deutschen, weil englischer Senf besonders scharf ist und so beißt, als ob er Zähne hätte.

Und wenn ihnen dann so richtig übel war, guckten sie zum Fenster hinaus und lachten derartig, daß die Nachbarn dachten: Apotheker Ringelhuth und sein Neffe sind leider wahnsinnig geworden.

Na ja, sie liefen also die Glacisstraße entlang, und der Onkel sagte gerade: »Was ist denn mit dir los?« Da zupfte ihn jemand am Jackett.

Und als sich beide umdrehten, stand ein großes schwarzes Pferd vor ihnen und fragte höflich: »Haben Sie zufällig ein Stück Zucker bei sich?«

Konrad und der Onkel schüttelten die Köpfe.

»Dann entschuldigen Sie bitte die Störung«, meinte das große schwarze Pferd, zog seinen Strohhut und wollte gehen.

Onkel Ringelhuth griff in die Tasche und fragte: »Kann ich Ihnen mit einer Zigarette dienen?«

»Danke, nein«, sagte das Pferd traurig, »ich bin Nichtraucher.« Es verbeugte sich förmlich, trabte dem Albertplatz zu, blieb vor einem Delikatessengeschäft stehen und ließ die Zunge aus dem Maul hängen.

»Wir hätten den Gaul zum Essen einladen sollen«, meinte der Onkel. »Sicher hat er Hunger.« Dann sah er den Neffen von der Seite an und sprach: »Konrad, wo brennt's? Du hörst ja gar nicht zu!«

»Ach, ich hab' einen Aufsatz über die Südsee auf.«

»Über die Südsee?« rief der Onkel. »Das ist aber peinlich.«

»Entsetzlich ist es«, sagte Konrad. »Alle, die gut rechnen können, haben die Südsee auf. Weil wir keine Phantasie hätten! Die anderen sollen den Bau eines vierstöckigen Hauses beschreiben. So was ist natürlich eine Kinderei gegen die Südsee. Aber das hat man davon, daß man gut rechnen kann.«

»Du hast zwar keine Phantasie, mein Lieber«, erklärte Onkel Ringelhuth, »doch du hast mich zum Onkel, und das ist genauso gut. Wir werden deinem Herrn Lehrer eine Südsee hinlegen, die sich gewaschen hat.«

Dann trat er mit dem einen Fuß auf die Straße, mit dem andern blieb er oben auf dem Bürgersteig, und so humpelte er neben seinem Neffen her. Konrad war auch nur ein Mensch. Er wurde vergnügt.

Als sie beim Onkel angekommen waren, setzten sie sich gleich zu Tisch. Es gab gehackten Speckkuchen und ein bißchen Fleischsalat mit Himbeersaft.

Nach dem Essen guckten sie erst eine gute Viertelstunde aus dem Fenster und warteten, daß ihnen schlecht würde. Aber es wurde nichts daraus. Und dann klingelte es. Der Junge rannte hinaus, öffnete und kam blaß zurück. »Das große schwarze Pferd steht draußen«, flüsterte er.

»Herein damit!« befahl Onkel Ringelhuth. Und der Neffe ließ das Tier eintreten. Es zog den Strohhut und fragte: »Stör' ich?«

»Kein Gedanke!« rief der Onkel. »Bitte nehmen Sie Platz.«

»Ich stehe lieber«, sagte das Pferd. »Fassen Sie das nicht als Unhöflichkeit auf, aber wir Pferde sind zum Sitzen nicht eingerichtet.«

»Ganz wie Sie wünschen«, meinte der Onkel. »Darf ich fragen, was uns die Ehre Ihres Besuches verschafft?«

Das Pferd blickte die beiden mit seinen großen

ernsten Augen verlegen an. »Sie waren mir von allem Anfang an so sympathisch«, sagte es.

»Ganz unsererseits«, erwiderte Konrad und verbeugte sich. »Haben Sie übrigens immer noch Appetit auf Würfelzucker?« Er wartete keine Antwort ab, sondern sprang in die Küche, holte die Zuckerdose ins Zimmer, legte ein Stück Zucker nach dem anderen auf die Handfläche, und das Pferd fraß, ohne abzusetzen, zirka ein halbes Pfund. Dann atmete es erleichtert auf und sagte: »Donnerwetter noch mal, das wurde aber höchste Zeit! Besten Dank, meine Herren. Gestatten Sie, daß ich mich vorstelle, ich heiße Negro Kaballo! Ich trat bis Ende April im Zirkus Sarrasani als Rollschuh-Nummer auf. Dann wurde ich aber entlassen und habe seitdem nichts mehr verdient.«

»Ja, ja«, sagte Onkel Ringelhuth, »es geht den Pferden wie den Menschen.«

»Sie sind ein netter Mensch«, sagte das Pferd gerührt und schlug ihm mit dem linken Vorderhuf auf die Schulter, daß es nur so krachte.

»Aua!« brüllte Ringelhuth.

Konrad drohte dem Rappen mit dem Finger. »Wenn Sie mir meinen Onkel kaputtmachen«, rief er, »kriegen Sie's mit mir zu tun!«

Das Pferd schob die Oberlippe zurück, daß man das weiße Gebiß sehen konnte, und lachte lautlos in sich hinein. Dann entschuldigte es sich vielmals. Es sei nicht so gemeint gewesen.

»Schon gut«, sagte Onkel Ringelhuth und rieb sich das Schlüsselbein. »Aber das nächste Mal müssen Sie etwas vorsichtiger sein, geschätzter Negro Kaballo. Ich bin keine Pferdenatur.«

»Ich werde aufpassen«, versprach der Rappe, »so wahr ich der beste internationale Rollschuh-Akt unter den Säugetieren bin!«

Und dann guckten sie alle drei zum Fenster hinaus. Das Pferd bekam, als es auf die Straße hinuntersah, plötzlich einen Schwindelanfall, wurde vor Schreck blaß und klappte die Augendeckel zu. Erst als Konrad meinte, es sollte sich was schämen, machte es die Augen langsam wieder auf.

»Kippen Sie bloß nicht aus dem Fenster«, warnte Ringelhuth. »Das fehlte gerade noch, daß ein Pferd aus meiner Wohnung auf die Johann-Mayer-Straße runterfällt!«

Negro Kaballo sagte: »Wissen Sie, unsereins hat so selten Gelegenheit, aus dem dritten Stockwerk zu sehen. Aber jetzt geht es schon. Trotzdem wäre ich Ihnen dankbar, wenn Sie mich in die Mitte nehmen wollten. Besser ist besser.«

Das Pferd postierte sich nun also zwischen Onkel und Konrad, steckte den Kopf weit aus dem Fenster und fraß vom Balkon des Nachbarn zwei Fuchsien und eine Begonie mit Stumpf und Stiel. Nur die Blumentöpfe ließ es freundlicherweise übrig.

Und dann spazierten sie ins Zimmer zurück und spielten zu dritt Dichterquartett.

Das Pferd gewann. Es kannte alle klassischen Namen und Werke auswendig. Onkel Ringelhuth hingegen versagte völlig. Als Apotheker, der er war, wußte er zwar, was für Krankheiten die Dichter gehabt und womit sie kuriert worden und woran sie gestorben waren. Aber ihre Romane und Dramen hatte er samt und sonders verschwitzt. Es ist kaum zu glauben: doch er behauptete tatsächlich, Schillers »Lied von der Glocke« sei von Goethe!

Mit einem Mal sprang Konrad hoch, warf seine Quartettkarten auf den Tisch, rannte zum Bücherschrank, riß die Tür auf, holte ein dickes Buch aus der obersten Reihe, setzte sich auf den Teppich und blätterte aufgeregt.

»Möchten Sie meinen Neffen mal mit einem wohlgezielten Hufschlag aus seinem Anzug stoßen?« fragte Ringelhuth seinen vierbeinigen Gast. Da trottete das Pferd zu Konrad hinüber, packte ihn mit den Zähnen an seinem Kragen und hob ihn hoch in die Luft. Aber Konrad merkte gar nicht, daß er nicht mehr auf dem Teppich saß. Sondern er blätterte, obwohl ihn das Pferd in die Luft hielt, nach wie vor in dem Buch und zog Sorgenfalten.

»Ich kann sie nicht finden, Onkel«, sagte er plötzlich.

»Wen?« fragte Ringelhuth. »Die Minna von Bornholm?«

»Die Südsee«, sagte Konrad.

»Die Südsee?« fragte das Pferd erstaunt. Weil es aber beim Reden das Maul aufmachen mußte, fiel Konrad mit Getöse aufs Parkett.

»Ja, was machen wir bloß mit dieser Südsee?« Ringelhuth wandte sich zu dem Pferd: »Mein Neffe muß nämlich bis morgen einen Aufsatz über die Südsee schreiben.«

»Weil ich gut rechnen kann«, erläuterte Konrad mißvergnügt.

Das Pferd überlegte einen Augenblick. Dann fragte es den Onkel, ob er am Nachmittag Zeit habe.

»Klar«, sagte Ringelhuth, »donnerstags habe ich in meiner Apotheke Nachtdienst.«

»Ausgezeichnet«, rief Negro Kaballo, »da gehen wir rasch mal hin!«

»In die Apotheke?« fragten Konrad und der Onkel wie aus einem Munde.

»Ach wo«, sagte das Pferd, »in die Südsee natürlich.« Und dann fragte es: »Herr Ringelhuth, befindet sich auf Ihrem Korridor ein großer geschnitzter Schrank? Es soll ein Schrank aus dem fünfzehnten Jahrhundert sein.«

»Und wenn das so wäre«, sagte Ringelhuth, »was um alles in der Welt hat so ein alter Schrank mit der Südsee zu tun?«

»Wir müssen in diesen Schrank hineingehen und

dann immer geradeaus. In knapp zwei Stunden sind wir an der Südsee«, erklärte das Pferd.

»Machen Sie keine faulen Witze!« bat Onkel Ringelhuth.

Konrad aber raste wie angestochen in den Korridor hinaus, öffnete die knarrenden Türen des alten großen Schrankes, der dort stand, kletterte hinein und kam nicht wieder zum Vorschein.

»Konrad!« rief der Onkel. »Konrad, du Lausejunge!« Aber der Neffe gab keinen Laut von sich. »Ich werde verrückt«, versicherte der Onkel. »Warum antwortet der Bengel nicht?«

»Er ist sicher schon unterwegs«, sagte das Pferd. Da kannte Ringelhuth kein Halten mehr. Er rannte hinaus zum Schrank, blickte hinein und rief: »Wahrhaftig, der Schrank hat keine Rückwand!«

Das Pferd, das ihm gefolgt war, meinte vorwurfsvoll: »Wie konnten Sie daran zweifeln? Klettern Sie nur auch hinein!«

»Bitte nach Ihnen«, sagte Onkel Ringelhuth, »ich bin hier zu Hause.«

Das Pferd setzte also die Vorderhufe in den Schrank. Ringelhuth schob aus Leibeskräften, bis der Gaul im Schrank verschwunden war. Dann kletterte der Onkel ächzend hinterher und sagte verzweifelt: »Das kann ja gut werden.«

Barbara Bartos-Höppner

Der Ritt auf der Kanonenkugel

Gut«, sagte Münchhausen, der sich nie lange bitten ließ, »das letzte Stück aus dem Türkenkrieg! – Liebe Gäste, Freunde und Jagdgenossen, einem Manne wie mir, der einen Gaul wie meinen Litauer zu zähmen verstanden hatte, dem werden Sie auch ein anderes Reitkunststück zutrauen, mag es in Ihren Ohren noch so unwahrscheinlich klingen. Wir belagerten damals irgendeine Stadt, von der ich den Namen heute nicht mehr weiß. Kurz und gut, ich ging inzwischen im Zelt des Generalstabes ein und aus, und unserem Feldmarschall war an diesem Tag außerordentlich viel an genauen Informationen über den Feind gelegen. Er mußte unbedingt wissen, wie die Sache in der Festung stand, die wir belagerten. Soviel Gefangene er auch verhören ließ, soviel Überläufer er auch be-

38

stechen ließ, es war nichts aus ihnen herauszubekommen. Auch gelang es unseren raffiniertesten Spionen nicht, durch die Vorposten, Wachen und Befestigungen der Stadt hindurchzukommen.

Ich überlegte mir die Sache nun hin und her. Schließlich stellte ich mich, vor Mut geradezu übereifrig, neben eine der größten Kanonen, die auf die Festung gerichtet war und die im nächsten Augenblick abgeschossen werden sollte. Ich beobachtete, wie die Kanoniere die Lunte zündeten, hörte das Rollen im Kanonenrohr, sprang blitzschnell hoch und landete wahrhaftig genau auf der Kanonenkugel . . .

Auf ihr ritt ich nun also der Festung zu. Als ich aber den halben Weg durch die Luft zurückgelegt hatte, kamen mir allerlei nicht unerhebliche Bedenken. Mein Lieber, sagte ich zu mir selbst, hinein wirst du schon kommen, aber wie kommst du hinterher wieder aus der Festung heraus? Und wie wird es dir in der Festung ergehen? Man wird dich doch sofort als Spion erkennen und an den nächsten Galgen hängen. Galgen–Galgen–Galgen, schoß es mir durch den Kopf. Diese Ehre erschien mir nun gar nicht wünschenswert.

Wo aber war ein Ausweg?

Ich überlegte hin und her, und als ich noch mittendrin war, bemerkte ich eine andere Kanonenkugel, die aus der Festung auf mich zugeflogen kam. Sie mußte meine Rettung werden! Jetzt hieß es nur noch, den richtigen Augenblick abzupassen und von meiner Kugel hinüber auf die andere zu springen. Und ich sage Ihnen, ein Mathematiker hätte den Augenblick des Absprungs nicht besser berechnen können als ich, der ich nun wirklich keiner bin. Und so glückte es mir, auf der feindlichen Kanonenkugel wieder wohlbehalten hinter unsere Linien zu kommen.«

Der Baron machte eine Pause und genoß die frohe Stimmung, in die er seine Gäste versetzt hatte. Dann sagte er: »Daß ich bei all meiner Tapferkeit und der Schnellfüßigkeit meines Pferdes nicht nur gute Zeiten in diesem Kriege hatte, sondern sogar in türkische Gefangenschaft geriet, welche Erlebnisse mir dort bevorstanden und wie ich wieder nach Rußland zurückgekommen bin, das erzähle ich Ihnen ein andermal. – Darf ich Sie jetzt bitten, mit mir wieder in die Diele an den Kamin zurückzukehren? Ich finde, es sitzt sich dort behaglicher, und das Feuer beflügelt meine Erinnerung in einer ganz besonderen Weise. Außerdem hatte ich mir vorgenommen, Ihnen einige Erlebnisse zu erzählen, die ich auf meinen zahlreichen Seereisen gehabt habe.«

Lügenwette eines Edelmannes
Ein Märchen

Ein Edelmann fuhr eines Tages spazieren und hatte vor seinem Wagen sehr schlechte Pferde. Da sah er einen Bauern beim Pflug, der hatte sehr schöne.

»Willst du nicht tauschen«, sagte der Edelmann, »deine Rosse passen besser an meinen Wagen und meine an deinen Pflug!«

»Das mag sein«, sprach der Bauer, »allein, gebt Euch keine Mühe!«

Der Edelmann aber ließ nicht locker und setzte ihm zu. Endlich kamen sie überein, die Pferde sollten dem gehören, welcher am besten lügen würde. Der Edelmann war froh und glaubte schon, er habe gewonnen, denn er dachte: aufs Lügen habe er doch mehr studiert. Der Bauer ließ ihm die Ehre anzufangen.

Da erzählte der Edelmann: »Mein Vater hatte sieben Herden Stuten und soviel Milch, daß er sieben Mühlen damit treiben ließ und alles Korn im Lande mahlen konnte.«

»Das ist alles leicht möglich«, sagte der Bauer und wunderte sich gar nicht im geringsten, »aber mein Vater hatte so viele Bienenstöcke, daß er sie nicht hätte zählen können, auch wenn er fünfhundert Jahre gelebt hätte. Ich mußte einmal die Bienen hüten; da geschah es, daß eine Biene abends nicht heimkehrte. Mein Vater merkte es gleich und schickte mich aus, sie zu suchen und nicht heimzukommen, ehe ich sie gefunden hätte. Ich ging nun überall auf der ganzen Erde herum und fand sie nicht; da machte ich mich auf und stieg in den Himmel und durchsuchte alle Räume; auch hier war sie nicht. Nun hatte ich keine Ruhe und dachte: Die kann jetzt nur in der Hölle sein, du mußt zu guter Letzt auch da noch suchen! Ich stieg also hinunter in die Hölle, allein, es war umsonst; sie war nicht da. Mißmutig kehrte ich um und wollte nach Hause gehen. Auf dem Weg kam ich durch einen Wald, und siehe, da traf ich auf einmal meine Biene. Der Wolf hatte nämlich einem Mann seinen Ochsen gefressen. Der Bauer spannte an seine Stelle neben den andern Ochsen gleich die Biene und fuhr mit einer Fuhre Holz heimwärts. ›Hoho, guter Mann‹, rief ich sogleich, ›Ihr werdet verzeihen, daß ich Euch aufhalte; die Biene ist mein; spannt sie mir gleich aus!‹ Der Mann gehorchte, ohne ein Wort zu sprechen, denn er war froh, daß ich mit ihm so schön redete. Aber das Joch hatte meine Biene wund gerieben; ich streute nun ein wenig Erde darauf, und alsbald war sie geheilt. Mein Vater hatte große Freude, wie ich ihm das verlorene Tierchen brachte; das kann man sich denken. Ich aber mußte nun erzählen, was ich im Himmel und in der Hölle gesehen hatte. Im Himmel saßen an einer langen Tafel lauter Bauern und tranken süßen Wein, und in der Hölle waren lauter Edelleute, die wurden von den Teufeln am Spieße gebraten!«

Da konnte sich der Edelmann nicht länger halten und schrie: »Du lügst, du lügst!«

»Das wollte ich ja eben, und so habe ich die Wette gewonnen!«

Er nahm dem Edelmann alsbald die Pferde, spannte sie statt der seinen an den Pflug, und der stolze Herr mußte seinen Wagen selbst nach Hause ziehen.

Der Lügenkönig
Ein Märchen

Im Osten lebte ein König, der eine einzige Tochter besaß. Es war die hübscheste Frau, die man je im Himmel und auf Erden gesehen hat. Der König selbst war alt und gelobte, seine Tochter dem ersten besten Manne zu geben, der ihn zwingen würde zu sagen: »Du verstehst dich aufs Lügen« oder: »Du kannst hundertfach lügen«. Die Possenreißer gaben ihm den Namen »Der Lügenkönig« – in Anbetracht dessen, daß er gar nicht soviel Schlauheit besaß, selbst eine Lüge zu erfinden.

Der Sohn einer Witwe machte sich auf die Reise und kam zum König, um ihm etwas vorzulügen. Der König zeigte ihm seine Kühe.

»Du wirst mir beipflichten«, sprach der König, »daß du niemals so viele Kühe beieinander sahst.«

»Ich sollte nicht! Meiner Treu!« rief der andere. »Wo sollte ich denn nicht! Ich ließ so viele Kühe bei meiner Mutter zu Hause zurück, daß die Buttermilch, die wir gewöhnlich nach dem Buttern haben, siebenhundert Mühlen treiben könnte.«

Der König sagte weder »Hm, hm« noch »So, so«. Er hörte nur mit Behagen zu.

Am zweiten Tag ließ er ihn seine Bienenstöcke sehen.

»Das Eingeständnis mußt du mir doch heute machen«, sagte er, »daß dein Blick noch nie auf so viele Bienenkörbe fiel.«

»Je nun«, meinte der andere, »sie fallen ab im Vergleich mit dem, was meine Mutter davon zu Hause hat.«

»Nun, selbst wenn!« meinte der König. »Es wird nicht soviel Nachkommenschaft bei den Bienenschwärmen deiner Mutter sein wie bei den meinen.«

»Ach, Mensch!« rief der andere, »halte doch den Mund, und laß dir sagen, du schneidest auf! Ich hatte Obacht zu geben auf die Bienenstöcke meiner Mutter, und sie hatte siebenhunderttausend. Ich hatte alle Bienen früh am Morgen zu zählen, damit nicht eine Biene im Laufe des Tages drinnen blieb, aus Faulheit oder Nachlässigkeit. Und bei Nacht mußte ich es wieder tun, damit nicht eine draußen blieb.

Eines Abends nun fehlten Bienen, und als der eine

Teil ruhig und behaglich im Stocke saß, ging ich auf die Suche. Ich kam an einen Hügel, fand ein Pferd, nahm das, sprang auf seinen Rücken und ritt fort zum Walde. Dort in einem großen Baume saßen die Bienen schön behaglich ganz allein. Ich schlug etwas Gestrüpp ab und machte daraus zwei Körbe. Ich warf diese über den Pferderücken und füllte sie bis oben an die Rutenspitzen mit Honig. Es war ein Tagesertrag. Ich nahm die Bienen und tat sie oben auf den Pferderücken, zwischen die zwei Körbe. Durch die übermäßige Last brach das Rückgrat des Pferdes. Ich nahm einen starken Eichenstock, steckte ihn in das Pferdemaul und quer durch das Tier hindurch, daß er hinten hinausragte. So trieb ich ihn mit seiner Last heim.«

Der König gab gar keinen Laut mehr von sich, sondern hörte nur immer zu.

Am dritten Tage gingen sie abermals zusammen aus und besahen sich die Bohnen des Königs.

»Sind diese Bohnen hier nicht prächtig hoch?« fragte der König.

»Hoch schon«, meinte der andere, »wenn du nicht die Bohnen meiner Mutter sahst. Jeder Halm ragt dort in die Luft bis zum Himmel. War's nicht durch diese Bohnenhalme, daß ich jeden Sonntag morgen die Messe im Himmel hören konnte! Eines Sonntags nun, als ich auch wieder oben war, erhob sich ein Wind und ein Sturm, und jeder

Halm knickte um. Ich mußte übernachten, wo ich gerade war. Am nächsten Morgen unternahm ich die Heimreise.

Ich traf drei Frauen, die dabei waren, Hafer an der Himmelstür zu schwingen.

»Gebt ihr mir wohl etwas Stroh zum Seilknüpfen?« fragte ich.

»Ja gewiß«, sagten sie und taten es.

Ich knüpfte mein Seil, hängte es am Himmel fest und ließ mich von oben herab. Es ging ganz gut, und ich kam schon ganz nahe an den Boden. Aber da war ein kleiner Knoten am Seil, und an der Stelle riß es. So ging es denn mit mir hinab, mit dem Kopfe vorneweg. Grade als ich drei Ellen vom Erdboden entfernt war, sprang ein Fuchs auf mich zu und schnappte mir – haps! – den Kopf ab. Ich lief ihm nach, packte ihn am Schwanze, hielt ihn fest und versetzte ihm siebenhundert Fußtritte. Und bei jedem ließ er siebenhundert Fürze, und ein jeder davon war siebenhundertmal mächtiger als du, o König!«

»Du verstehst dich auf hundert Lügen!« rief der König, »nicht nur hundert, nein, auf verdammt viel mehr, auf tausend!«

»Bravo! Recht so!« rief der Sohn der Witwe. »Jetzt hab' ich deine Tochter!«

»Ja«, gab er zu. »Mag mir nur nicht von euch allen beiden noch übel mitgespielt werden! Und mag Gott euch nicht lange beieinander lassen!«

Sie heirateten, und ich zweifle, daß der Segenswunsch des Alten in Erfüllung ging. Denn sie blieben zusammen, bis sie so grau geworden waren wie Mäuse.

Der listige Schulmeister und der Teufel

Ein Märchen

Ein Schulmeister ging einmal für seinen Herrn Pfarrer, wie das ja noch immer hie und da zu geschehen pflegt, mit einer großen Gabel zum Heumachen und nahm sich auch einen kleinen Käs' und ein Stück Brot zum Essen mit. Sein Weg führte ihn über die Teufelswiese. Da sah er auf einmal einen großen Teufel, der hatte einen großen Schlauch aus Büffelhaut auf dem Rücken und wollte Wasser holen.

»Halt!« rief er dem Schulmeister gleich zu. »Habe ich dich hier einmal auf dem sauren Bier ertappt!« Er warf den Schlauch nieder und wollte den Schulmeister packen.

Dieser aber nahm seinen Käs' aus dem Tornister, drückte ihn zusammen, daß das Wasser daraus floß, und rief dem Teufel zu: »Siehe, so zerdrücke ich dich, wie diesen Stein, daß der Lebenssaft dir herauskommt, wenn du es wagst, mich nur anzurühren!«

In großer Angst lief der Teufel stracks in die Hölle und ließ auch den Schlauch liegen und erzählte da, wie er einen Menschen gesehen, der so stark sei, daß er Saft aus einem Stein gepreßt habe. Da schickten ihn die anderen Teufel zurück, er solle ihn dingen, denn er werde gut sein zum Wassertragen. Der Teufel kam schnell wieder auf die Wiese und fragte den Schulmeister, ob er sich nicht verdingen wolle. Dem war das recht, denn er wünschte sich schon lange einmal die Gelegenheit, sich in der Hölle umzusehen. Also kam er in die Hölle; und sogleich bekam er den Auftrag, Wasser im großen Schlauch zu holen. Der war aber so schwer, daß er ihn nicht einmal leer heben konnte. Da erdachte er sich eine List; er nahm Spaten und Haue und ging.

»Wohin denn mit diesem Werkzeug?«

»Ich will gleich den ganzen Brunnen ausgraben und nach Hause bringen, damit ich nicht immer zu gehen brauche.«

Da fürchteten die Teufel, das werde die ganze Hölle überschwemmen und ihnen das Feuer auslöschen und sie würden dann Mangel leiden, und sprachen: »O lasse es nur sein, wir wollen uns schon Wasser holen!«

Darauf schickten ihn die Teufel in den Wald, er solle eine Eiche ausreißen und nach Hause bringen.

Der Schulmeister dachte: »Was wird nun werden?«

Allein, schnell hatte er wieder eine List ersonnen. Er nahm ein großes Seil und wollte gehen.

»Was willst du mit dem Seil?« fragten die Teufel. »Ich will gleich den ganzen Wald damit umbinden, ausreißen und nach Hause bringen, damit ich nicht so oft zu gehen brauche!«

Die Teufel entsetzten sich vor der ungeheuren Stärke und fürchteten, wenn er den ganzen Wald heimbrächte, daß sie damit die Hölle in Brand setzen und später dann leicht erfrieren könnten.

»Lasse es gut sein, wir wollen uns schon Holz holen!«

Nun aber beschlossen die Teufel, diesen gefährlichen Menschen auf eine gute Art zu entfernen. Sie wollten ihm den ganzen Lohn auszahlen, wenn er nur fortgehe. Der Schulmeister war da zufrieden, nur verlangte er, den Sack mit dem Gold solle ihm ein Teufel nach Hause tragen. Das erschien allen gefährlich; keiner wollte recht; endlich wagte es einer. Als sie in die Nähe der Schule kamen, sahen die Kinder des Schulmeisters gerade zum Fenster hinaus: Da gab ihnen ihr Vater ein Zeichen, und nur einmal schrien alle: »Auch ich will Teufelsfleisch, auch ich will Teufelsfleisch!«

Wie der Teufel das hörte, warf er den Sack nur hurtig zu Boden und lief in einem Atem zurück in die Hölle, ohne auch nur einmal umzuschauen.

Aber der Teufel hatte zu Hause einen Sohn, der war gerade aus der Fremde nach Hause gekommen und war stark und trotzig und sprach, er nehme es auf mit jedem Menschen und fürchte sich nicht! Da sprachen sein Vater und die andern Teufel: »So gehe hin zum Schulmeister, und bringe den Sack mit dem Gold wieder heim!«

Der war gleich fertig und ging, und als er zum Schulmeister kam, sprach er: »Entweder gib den Sack voll Gold im guten heraus, oder miß dich mit mir!«

Der Schulmeister lachte und sprach: »Das Gold bekommst du pune lume[*] nicht; es wird mir aber Spaß machen, mit dir zu kämpfen; bestimme, worin sollen wir's versuchen?«

»Im Ringen!« sprach der Teufel.

»Ha, ha«, lachte der Schulmeister, »in dem versuche ich's nicht einmal, denn ich fürchte, ich zerquetsche dich gleich zwischen meinen Fingern; aber ich habe hier einen alten Großvater, der hat auch noch Kraft genug, über dich Meister zu werden!«

Damit ließ er einen Bären los, der fiel gleich über

---

[*]walachisch = solange die Welt steht

den Teufel her, umarmte und drückte ihn so, daß der Teufel laut aufschrie: »Jai, jai! Lasse aus!«

Da sprach der Schulmeister spottend: »Vielleicht ist das Ringen nicht deine Sache, bestimme etwas anderes!«

»Dann will ich mit dir um die Wette laufen!«

»Ha, ha!« sprach der Schulmeister, »das brächte mir nur Schande, wenn ich's mit dir versuchen wollte; allein, ich habe hier ein Enkelchen, das läuft auch schon gut genug, um dich zu überholen!«

Damit ließ er einen Hasen los, der lief wie ein abgeschossener Pfeil und war gleich über alle Berge. Der Teufel kam bald keuchend zurück und hatte kein Leben.

Der Schulmeister lachte und sprach: »Laufen kannst du freilich schlecht, vielleicht verstehst du aber was anderes besser?«

»Dann wollen wir einmal um die Wette hochwerfen!« sprach der Teufel voll Zorn und Grimm. Er nahm einen mächtigen Pirl* und warf ihn so hoch, daß er sieben Stunden brauchte, bis er wieder zu Boden kam. Dann reichte er ihn dem Schulmeister und sprach: »Lasse jetzt sehen, was du kannst!«

Der Schulmeister sah aber, daß er den Hammer nicht einmal heben könnte, deshalb sprach er: »Wenn ich diesen hinaufwerfe, dann fällt er nicht

_____

*den dicksten Schmiedehammer

mehr herunter, denn ich habe einen Schwager im Himmel, der ist Schmied, der fängt den Hammer auf und macht Lattnägel daraus, indes wir hier umsonst warten; ich hole mir aber gleich einen Stein, den will ich werfen.« Nun brachte er einen Fink aus seinem Käfig und schleuderte ihn hoch in die Luft. Dieser aber freute sich der Freiheit und flog fort. Der Schulmeister hatte den Teufel so gestellt, daß er gerade in die Sonne sah; deshalb merkte er nicht, wie der Fink in die Luft kam und wegflog. »Der Stein braucht sieben Tage, bis er zur Erde fällt«, sprach der Schulmeister, »willst du so lange warten?«

»Nein, nein!« rief der Teufel und hatte die Sonne schon satt und war halb blind geworden.

»Ei, ei!« sprach der Schulmeister, »ihr Teufel seid elende Kerle, ihr könnt weder ringen noch laufen noch hochwerfen; versteht ihr denn nicht etwas besser?«

»So lasse uns einmal um die Wette knallen«, sprach der Teufel voll Grimm und Ärger.

Er nahm eine Geißel und knallte damit so fürchterlich, daß es dem Schulmeister durch den Bauch schnitt und er fast ohnmächtig wurde; doch erholte er sich und sprach zum Teufel: »Ich habe große Sorge um dich, laß mich dir die Augen verbinden, denn ich werde so laut knallen, daß es donnert und blitzt, und es könnten dir leicht die Augen herausspringen!

Da band er ihm die Augen fest zu und nahm darauf seinen »Paluckesknüppel« und schlug damit dem Teufel so derb in die Augen, daß dieser glaubte, sie seien ihm vom Knall herausgesprungen. »Nicht mehr knallen, halte ein!« jammerte der Teufel.

»Nun, ich weiß nicht«, sprach der Schulmeister, »gibt es denn keine Kunst, in der ihr es zu etwas gebracht habt?«

Der Teufel kochte vor Ärger und Grimm. »Wohlan«, sprach er, »lasse uns einmal mit Stangen kämpfen!«

»Es ist mir recht«, sagte der Schulmeister und gab dem Teufel eine lange eiserne Stange, und er nahm eine kurze. Er ging dem Teufel fest auf den Leib und gab ihm nacheinander unzählige Schläge und prügelte ihn ganz blau; jener aber konnte mit der langen Stange in der Nähe nichts machen.

»Hoho!« sprach der Teufel, »laß uns die Stangen einmal tauschen!«

»Recht gern«, sprach der Schulmeister, »aber weil ich sehe, daß du so elend bist, will ich dir noch mehr zugestehen; krieche du hier in diesen Schweinestall hinein, wo du geschützt bist, ich will von hier aus im Freien kämpfen!«

Das ließ sich der Teufel gefallen, er nahm die kurze Eisenstange und kroch in den Schweinestall. Jetzt stieß ihn der Schulmeister mit der langen Stange durch das Freßloch so unbarmherzig, daß es ihm zwischen den Rippen durchging; er aber konnte mit seiner kurzen Stange den Schulmeister nicht einmal erreichen.

»Es ist genug, es ist genug!« schrie der Teufel, als er sah, daß ihm das Blut aus allen Seiten strömte. »Jetzt soll mir noch einer sagen, daß ein Teufel mehr versteht als das elendeste Menschenkind; hat es sich doch nun gezeigt, daß ihr gar nichts vermögt; oder willst du es noch in etwas versuchen?«

»Ja, ja!« heulte der Teufel vor Schmerz und Zorn, »lasse uns einmal um die Wette kratzen!« Da kratzte der Teufel den Schulmeister, daß das Blut rann und die Knochen hervorstanden.

»Warte jetzt«, sagte der Schulmeister, »damit ich meine Nägel holen kann, ich lege die immer ab, wenn ich sie nicht brauche!«

Da brachte er zwei Hanfkämme (Hecheln) und ackerte damit so unbarmherzig auf dem Teufel herum, daß dieser vor Schmerz endlich laut aufschrie: »Halt, du kratzt ja bis auf die Seele!«

Der Schulmeister sprach: »Ich schäme mich jetzt wahrlich, mit dir noch weiterzukämpfen; freilich wirst du auch nichts mehr angeben können!«

Der Teufel schäumte vor Wut: »Lasse uns denn zu guter Letzt noch um die Wette f—rzen!« Da ließ der Teufel einen so fürchterlichen los, daß der

Schulmeister bis an die Zimmerdecke hinaufflog.

»Was machst du da oben?«

»Ich verstopfe die Ritzen und Löcher, damit du, wenn ich jetzt einen Pumps lasse, nicht hinauskannst und an der Decke zerschmetterst!«

Da entsetzte sich der Teufel so sehr, daß ihm die Haare zu Berge standen; er wartete nicht länger, sondern rannte in einem Atem fort bis zur Hölle. Seitdem hatte der Schulmeister Ruhe vor den Teufeln – aber den Sack mit dem Gold müssen ihm schlechte Menschen entwendet haben, denn er ist heutigentags arm wie eine Kirchenmaus.

Einige erzählen zwar, daß der starke Hans oder der Schneider Zwirn es gewesen, die den Teufel in den sieben Künsten überwunden haben, allein mit Unrecht; denn der Schulmeister hat die Geschichte selbst oft erzählt, also muß er es doch gewesen sein.

Das Unglaubliche
Ein Märchen

Es war einmal eine Königstochter, die war wunderschön, aber niemand sollte sie zur Frau bekommen, als wer sie dahin brächte, zu sagen: »Das ist gelogen.«

Grafen und Barone, Söhne aus den reichsten Familien kamen zu Hunderten, aber nicht einem gelang es, ihr diese Worte zu entlocken.

Eines Tages kam ein Bauer mit seinem Wagen und seinem Knecht daher. »Da im Königsschloß muß was ganz Besonderes sein«, sagte er, »es gehen so viele Herren aus und ein. Wenn ich nicht gerade mit Pferd und Wagen unterwegs wäre, ich glaube, ich ginge auch mal rein.«

»Tu's nur ruhig«, sagte der Knecht, »Pferd und Wagen will ich wohl nach Hause bringen.«

Und der Bauer besann sich nicht lange und ging

ganz dreist ins Schloß hinein. Wie er nun da in seinem blauen Kittel zwischen all den großen Herren stand, sah ihn die Prinzessin.

»Vater, wollen wir das Bäuerlein auch zulassen«, fragte sie den König.

Der lachte und sagte: »Warum nicht, der gewinnt dich nun schon sicher nicht.«

Da ging die Prinzessin zu dem Bauern und führte ihn überall herum im Schloß, damit er was zu reden und zu lügen fände. Dabei kamen sie auch in den Pferdestall. »Haben wir nicht viel große und schöne Pferde?« sagte sie, um doch etwas zu sagen.

»Ja, die können sich schon sehen lassen, aber gegen meine sind sie noch gar nichts«, sagte der Bauer, »denkt mal, ich habe zu Hause einen Wallach, der ist so schrecklich hoch, daß – mit Verlaub zu sagen – sein Dreck schon trocken und schimmlig ist, wenn er zur Erde fällt.«

»Das kann wohl sein«, sagte die Prinzessin, grade als wenn sie's glaubte, und sie gingen weiter in den Kuhstall. »Viel schöne und große Kühe«, sagte sie wieder, um das Gespräch in Gang zu bringen.

»Das ist wahr, Fräulein«, sagte der Bauer, »aber, ach Gott, Ihr müßtet erst meine dagegen sehen! 's ist schwer zu glauben, ich habe zu Haus 'n Ochsen, der ist so groß und so breit, daß zwei Musikanten einander nicht hören können, wenn der eine auf dem linken Horn die Trommel schlägt und der andere auf dem rechten Horn die Flöte spielt.«

»Das kann ich mir ganz gut denken«, sagte die Prinzessin, aber es klang doch schon weniger zuversichtlich.

Sie spazierten weiter und kamen in den Gemüsegarten.

»Wie findet Ihr unseren Kohl, Bauer?« fragte die Prinzessin. »Hat Er schon so großen gesehen?«

»Den?« sagte der Bauer geringschätzig. »Kommt lieber mal zu mir, da seht Ihr was anderes. In meinem Garten steht ein Kohlkopf, nach dem drehen sich alle Leute um. Acht Tage hatten wir schon davon gegessen, da kam gestern eine Abteilung Soldaten vorbei, auf einmal gab's einen gehörigen Platzregen, da liefen sie alle unter die untersten Blätter von dem Kohlkopf, da hat kein einziger von ihnen auch nur ein Tröpfchen vom Regen verspürt.«

»Das ist wohl möglich«, sagte die Königstochter, etwas verwirrt.

Endlich kamen sie an die Bienenkörbe. »Ob man wohl solche Bienen noch irgendwo findet?« sprach die Prinzessin.

»Ach du lieber Gott!« sagte da das Bäuerlein. »Ich habe eine Biene zu Hause, die fliegt jeden Tag aus, und abends muß ich sie auf meinem Wagen nach Hause holen. Und denkt bloß mal, was mir vorigen Freitag passiert ist. Sie war auf einen großen Lindenbaum geflogen, und ich rief, und sie kam und kam nicht. Zuletzt kletterte ich selbst hinauf, aber ich stürzte herab – und fiel in ein so großes Loch in die Erde, daß ich nicht wieder herauskonnte. Da schickte ich schnell meine Biene nach Haus, nach einem Spaten, und so kam ich wieder heraus. Das war noch Glück im Unglück. Aber wie ich nun heraus war, was seh' ich da unten in dem Loche liegen? Ein kleines Zettelchen. Und wißt Ihr, was darauf stand? Da stand drauf, daß Euer Vater von einem Lumpensammler stammt.«

»Das ist gelogen!« rief die Prinzessin ganz wütend.

»Gefangen!« rief das Bäuerlein und lachte und tanzte vor Freude. Und so hatte der Bauer mit Lügen die Königstochter gewonnen.

Das Pomeranzenfräulein
Ein Märchen

Einst wurde ein reicher junger Grafensohn von seinen Eltern sehr bedrängt, daß er heiraten solle, und viele schöne Prinzessinnen wurden ihm vorgeschlagen. Allein, er mochte keine von allen, denn er hatte es sich in den Kopf gesetzt, nur eine Braut heimzuführen, die nicht von einer Mutter geboren war, und eine solche konnte er lange nicht finden. Es ließ ihm aber keine Ruhe, und er wollte so lange suchen, bis er die rechte Braut für sich fände. Er ließ sich sein Roß satteln und nahm von seinen betrübten Eltern Abschied und ritt in die Welt hinein. So war er schon sehr, sehr lange geritten, und noch immer hatte er die rechte Braut für sich nicht finden können. Da kam er eines Tages zu einem Kreuzwege; dort stand ein altes Weiblein, krumm und gebückt, das hatte nur ei-

nen Zahn im Munde, und seine Augenbrauen
waren so lang, daß sie tief über die Augen hingen.
Als nun der junge Graf das Weiblein fragte, wohin die zwei Wege führten, da hat er schreien
müssen, daß sie ihn verstand, denn das Weiblein
war vor Alter fast taub.

Auf ihre Fragen erzählte er ihr von seinem Vorhaben, und die Alte nickte und wackelte beifällig
mit dem grauen Kopf und sagte mit einer krei-
schenden Stimme, die schwer zu verstehen war:
»Schmucker Knabe, gehe den Weg« – dabei zeigte sie mit dem Hasenstöckchen auf den Weg, der
rechts führte –, »und du wirst ein großes, großes
Haus finden, gehe hinein, schmucker Knabe, und
hinter der Tür wirst du einen Kehrbesen finden.
Den nimm und kehre die Stiege, und wenn du
die Stiege gekehrt hast, dann wirst du zu einem
großen Löwen kommen, schmucker Knabe, und
er hält einen goldenen Schlüssel in seinem Rachen. Den Schlüssel mußt du dem Löwen mit
Gewalt aus dem Rachen reißen und die Zimmertür aufsperren, vor der er steht. Dann wirst du in
ein prächtiges Zimmer kommen, da steht wieder
ein Löwe mit einem Schlüssel im Rachen vor
einer Tür. Diesen Löwen aber mußt du erlegen,
schmucker Knabe, und ihm wieder den Schlüssel
nehmen. Mit dem schließt du die andere Tür auf,
dann kommst du in die Küche, und in der Küche
wirst du drei schöne rotgelbe Pomeranzen finden

und ein Messer mit einem Griff aus Ebenholz. Das Messer nimmst du und schneidest eine der drei Pomeranzen auf, schmucker Knabe, dann wird ein wunderschönes Fräulein, schön wie die Sonne, herauskommen. Du mußt aber mit ihr gleich zu dem Brunnen gehen, der vor dem Haustore unter den zwei Linden steht, und deine Braut unter das Wasser halten, sonst wird sie gleich zusammenwelken und sterben.«

Der Grafensohn dankte ihr für ihren guten Rat, ritt in den kühlen, dunklen Wald hinein und kam immer tiefer und tiefer, bis er plötzlich vor einem großen Schlosse stand, das aus weißem Marmor erbaut war. Er trat durch das große schöne Portal ein und fand hinter der Haustür den Besen; den nahm er und kehrte damit die Stiege, wie es ihm die Alte gesagt hatte. Als er das getan hatte, kam er zu dem Löwen, dem nahm er den goldenen Schlüssel aus dem Maule, sperrte die Saaltür auf, die von Ebenholz war, durchschritt dann den weiten Saal, bis er zu dem zweiten Löwen kam, der wieder einen goldenen, noch schöneren Schlüssel im Rachen hielt. Er erlegte den Löwen, nahm den Schlüssel, schloß damit die nächste Tür auf und ging in die Küche. Dort fand er auch wirklich das Messer und die drei Pomeranzen, die waren wie das reinste Gold und glänzten wie die Sonne; er wagte es kaum, sie anzufassen. Endlich faßte er sich ein Herz und griff nach der nächsten, ersten Pomeranze und nach dem blanken Messer und schnitt den goldenen Apfel entzwei. Aber kaum hatte er die obere Hälfte abgelöst, da stand ein wunderschönes Mädchen vor ihm in der unteren Hälfte der Pomeranze, die er in den Händen hielt; das kleine Fräulein war so schön wie der Sommerhimmel. Dem Grafensohn wurde es ganz wunderlich ums Herz, er vergaß die Mahnung des alten Mütterchens ganz und gar und schaute und schaute nur das schöne Jungfräulein an, dachte gar nicht an den Brunnen. Und wie er so dastand, da welkte das schöne Bild zusammen und starb vor seinen Augen.

Da erschrak er und dachte, das zweitemal den Rat der Alte besser zu befolgen; er nahm die zweite Pomeranze und das blanke Messer und stieg die weiße Marmortreppe hinab in den Hof. Als er bei dem Brunnen unter den zwei Linden angekommen war, schnitt er die goldene Frucht auf; und es blendete ihm fast die Augen, ein Jungfräulein stand vor ihm, so schön, wie die Sonne noch nie eins beschienen hat. Er hielt sie unter den Strahl des Wassers, und da wurde sie immer größer und größer, so daß seine Hände sie nicht mehr halten konnten und sie auf dem Boden stand und endlich fast so groß war wie er. Da schlang er den Arm um sie und führte sie in das Marmorschloß und sprach zu ihr, sie solle da bleiben, bis er mit Roß und Wagen wiederkäme. Dann nahm er Abschied von ihr, küßte sie und wanderte zu seinen Eltern, um Roß und Wagen zu holen. Die schöne Pomeranzenjungfrau aber blieb nun ganz allein im Schlosse, mußte sich selbst das Wasser holen und hatte so ganz allein wohl manchesmal Langeweile.

Neben dem großen Marmorschloß stand aber ein kleines Haus, darin wohnte eine Hexe mit ihren zwei Töchtern. Die sahen das schöne Mädchen öfters zum Brunnen unter den Linden gehen, kamen auch zu ihr herauf und fragten sie aus, und das Pomeranzenkind war arglos und erzählte ihnen in seiner Einfalt alles, gerade wie es Kinder tun.

»Komm mit«, sagte einmal die ältere Hexentochter, »die Mutter hat Kuchen gebacken, die schmecken so gut.« Das Mädchen ließ sich bereden und ging mit. Sie spielten allerlei Spiele, und da sollte das Mädchen einmal Königin werden und mußte sich umkleiden und die Haare flechten lassen. Wie es aber so dasaß, da drückte ihm eine von den beiden Schwestern eine Nadel in den Kopf, das war eine Zaubernadel, und das arme Kind wurde in eine Taube verwandelt.

Eine von den zwei häßlichen Schwestern ging nun in das Schloß hinüber und wartete, bis endlich der Bräutigam angefahren kam. Der staunte nicht wenig, wie er anstatt seiner schönen Braut die garstige Hexentochter fand. Aber die wußte allerhand Ausreden, und er meinte, sein gegebenes Versprechen müßte er halten und ihn könnten doch nur die Augen täuschen; er nahm also die häßliche Braut zu sich in den Wagen und fuhr nachdenklich mit ihr fort.

Während sie aber unterwegs waren, kam der alten Hexe die Taube aus und flog dem Wagen nach und umflatterte ihn und schlug mit den weißen Flügeln, daß der junge Graf es merkte und mitleidig die Hand herausstreckte, um sie hereinzulangen. Die falsche Braut aber war böse darüber und wollte es nicht leiden, denn sie hatte das Tierchen erkannt. Doch er nahm es herein, hielt es auf seinem Schoß und streichelte es, so daß es zu girren anfing. Und wie er ihm so über den Kopf strich und das Täubchen ihn mit seinen schwarzen klugen Augen ansah, kam er an die Nadel; voll Mitleid zog er sie heraus, da stand das schöne Pomeranzenfräulein wieder vor ihm. Nun war der Grafensohn in einer Glückseligkeit, daß er sie wiederhatte. Als er aber erfuhr, wie alles zugegangen war, da warf er das böse Hexenmädchen zum Wagen hinaus, daß es beide Beine brach. Das Brautpaar fuhr jetzt voll Freude nach Hause, und die Eltern freuten sich mit ihrem Sohne, und es gab eine prächtige Hochzeit. Die Geschichte ist wahr, denn ein Grafensohn davon lebt jetzt noch.

E. A. Roloff

Eulenspiegel
und die Töpfersfrau

Gern weilte Eulenspiegel in Bremen. Da wohnte damals ein Bischof, der ihn kannte und viel von ihm hielt. Eines Tages sagte dieser: »Till, du kannst wirklich viel. Du kannst alle Leute zum Lachen bringen.«

Darüber ärgerte sich Eulenspiegel, weil man ihn immer nur für einen Possenreißer ansah, und er erwiderte. »Oh, ich kann noch mehr. Ich kann machen, daß die Leute alles tun, was ich will.«

Da staunte der Bischof und versprach ihm dreißig Gulden, wenn er ihm das einmal zeige.

Am anderen Morgen ging Till auf den Markt. Dort saß eine Töpfersfrau, die ihre Ware anbot. »Frau«, fragte er, »was willst du für alle deine Töpfe haben?« Die Frau wunderte sich sehr darüber, denn das hatte man sie noch nie gefragt. Dann forderte sie drei Gulden, und das war gut bezahlt. Sofort gab Eulenspiegel ihr die drei Gulden. Als sie aber die Töpfe zusammenpacken wollte, wehrte er ab und sprach: »Nein, so war's nicht gemeint. Laß die Töpfe hier stehen, und gib gut acht. In fünf Minuten werde ich dort auf der Laube des Rathauses stehen. Ich werde Gesichter schneiden und die Hände bewegen. Zuletzt hebe ich beide Arme hoch über den Kopf. Dann nimmst du den dicken Knüppel da und schlägst alle deine Töpfe in Stücke.«

Die Frau bekam einen Schreck. »Alle Töpfe in Stücke?« Aber Till bestand darauf, und so willigte sie ein. »Ich habe meine Töpfe gut bezahlt bekommen«, dachte sie, »aber der Kerl da muß verrückt sein.«

Eulenspiegel lief darauf, als ob es Zufall sei, dem Bischof in den Weg und bat ihn, mit auf eine der Lauben des Rathauses zu kommen. Dort wolle er ihm seine Kunst beweisen. Lächelnd folgte der Bischof. Dann fragte er: »Nun, was willst du tun?« Eulenspiegel erwiderte: »Seht ihr die Frau dort mit den Töpfen? Sie blickt gerade hier herauf. Ich werde machen, daß sie den Blick nicht mehr von mir wendet und, wenn ich es will, alle ihre Töpfe zerschlägt.«

»Die geizige Frau soll alle ihre Töpfe zerschlagen?« meinte der Bischof zweifelnd. »Wenn du das erreichst, dann kannst du freilich mehr als andre Menschen.«

Till gab keine Antwort. Aber er schnitt furchtbare Gesichter, warf Blicke auf die Frau, daß ihm die Augen aus dem Kopfe quollen, und schwenkte bald den linken, bald den rechten Arm. Mit Staunen sah der Bischof, daß die Frau wie gebannt immer mit den Augen folgte. Dann sagte Eulenspiegel leise: »Jetzt!«, und im gleichen Augenblick sprang die Frau empor, ergriff einen Knüppel und schlug auf ihre Töpfe los, bis alles in Scherben lag. Die Leute eilten herbei, aber sie ließ sich nicht stören.

Da sagte der Bischof voll Bewunderung: »Du kannst wahrlich mehr als andere Leute.« Er bewirtete ihn noch lange und gab ihm die dreißig Gulden. Eulenspiegels Ansehen bei den Leuten aber wurde immer größer, als die Geschichte sich herumgesprochen hatte. »Er ist nicht nur ein Possenreißer; nein, er ist ein Wundertäter«, sagten sie.

Jonathan Swift

Eine Reise nach Lilliput

Mein Vater hatte ein kleines Gut in Notting-
hamshire, und ich war der dritte von fünf Söhnen.
Als ich vierzehn Jahre alt war, schickten meine
Eltern mich auf die Universität nach Cambridge,
wo ich drei Jahre lang studierte, bis mein Vater,
der nur ein bescheidenes Vermögen besaß, die
Kosten des Studiums nicht länger tragen konnte.
So schickte er mich kurzerhand in die Lehre zu
Mister James Bates, der damals ein berühmter
Chirurg in London war, und bei diesem blieb ich
vier Jahre. Ab und zu sandte mein Vater mir
kleinere Geldbeträge, die ich ausschließlich dazu
benutzte, Schiffahrtskunde, Navigation und Ma-
thematik zu studieren; denn ich hegte nicht den
geringsten Zweifel daran, daß ich eines Tages zur
See fahren würde. Auch als ich im Anschluß an

meine Lehrjahre bei Mister Bates an die Universität nach Leiden ging, um dort noch zwei Jahre und sieben Monate Medizin zu studieren, tat ich dies in der Gewißheit, daß mir diese Studien auf späteren Seereisen von großem Nutzen sein würden.

Kurz nach meiner Rückkehr aus Leiden verschaffte mir der gute Mister Bates dann auch wirklich eine Stelle als Schiffsarzt auf der *Swallow*, deren Kapitän Abraham Pannell war. Ich blieb auf diesem Schiff dreieinhalb Jahre und unternahm einige Reisen in das östliche Mittelmeer und in andere Gegenden der Welt. Nach meiner Rückkehr beschloß ich dann, mich in London als Arzt niederzulassen und eine Familie zu gründen. Nachdem ich mit Mister Bates' Hilfe eine kleine Praxis eröffnet hatte, beendete ich auch bald mein Junggesellendasein und heiratete Mary Burton, die zweite Tochter des Kleiderhändlers Edmond Burton.

Die Praxis ging indes mehr schlecht als recht, und die vierhundert Pfund Mitgift meiner Frau waren auch fast aufgezehrt, so daß ich mich schließlich entschloß, wieder zur See zu fahren. Als mir Kapitän William Pirchard kurz darauf anbot, als Schiffsarzt auf seiner Antelope eine Reise in die Südsee zu machen, willigte ich sofort ein.

Am 4. Mai des Jahres 1699 stachen wir von Bristol aus in See, und alles verlief zunächst ganz gut.

Ich kann dem Leser unmöglich alle Einzelheiten der zahlreichen Erlebnisse auf dieser Fahrt schildern. Um aber doch einen Eindruck davon zu vermitteln, sei der entsetzliche Sturm erwähnt, der uns Anfang November so zusetzte, daß wir binnen kürzester Zeit zwölf Mann verloren. Hoffnungslos trieb das Schiff irgendwo nordöstlich vor Tasmanien, und wir schrieben den 5. November, den Tag, an dem in dieser Gegend der Sommer anfängt, als vor uns in der Gischt plötzlich ein gigantisches Riff auftauchte. Der Wind trieb uns genau darauf zu, und bevor auch nur einer einen Gedanken fassen konnte, hatte die *Antelope* das Riff schon gerammt und zerbarst. Sechs von uns konnten mit letzter Kraft noch ein Rettungsboot aussetzen, und wir versuchten, von dem sinkenden Schiff und den Klippen wegzukommen, was uns zunächst auch zu gelingen schien, doch wir waren dermaßen entkräftet, daß uns die Ruder entglitten. Dann erfaßte eine heftige Böe das kleine Boot und warf es um.

Was aus meinen Kameraden im Boot und der übrigen Mannschaft geworden ist, weiß ich nicht, doch ist anzunehmen, daß sie alle ertrunken sind. Ich für meinen Teil tauchte recht unversehrt aus den Fluten empor und ließ mich von Wind und Wellen treiben. Ich hatte schon alle Hoffnung aufgegeben und mit dem Leben abgeschlossen, da fühlte ich plötzlich festen Boden unter den

Füßen und erblickte vor mir einen weiten Strand, gleichzeitig ließ der Sturm nach. Der Strand war so flach, daß ich gut eine Meile kriechen und waten mußte, bevor ich das trockene Ufer erreichte. Es war etwa acht Uhr abends, und ich schleppte mich noch eine halbe Meile weiter, ohne auch nur die geringste Spur von Häusern oder Menschen zu entdecken. Allerdings war ich auch so erschöpft, daß ich von meiner Umgebung kaum noch etwas wahrnahm. Todmüde fiel ich schließlich ins Gras und schlief auf der Stelle ein. Ich glaube, nie mehr in meinem Leben habe ich so fest geschlafen wie in dieser Nacht. Als ich erwachte, war heller Tag. Ich wollte aufstehen, konnte mich aber nicht bewegen. Ich lag auf dem Rücken und spürte, daß meine Arme und Beine auf jeder Seite ganz fest an den Boden gefesselt waren. Auch mein langes, dichtes Haar war dermaßen am Boden festgebunden, daß ich den Kopf nicht bewegen konnte. Ich spürte zudem, daß dünne Stricke kreuz und quer über meinen Körper gespannt waren. Ich konnte lediglich geradeaus in den blauen Himmel blicken. Auf einmal fühlte ich deutlich, wie auf meinem linken Bein etwas herumkrabbelte. Irgend etwas arbeitete sich leise vorwärts und kam über Bein, Bauch und Brust immer näher an mein Kinn heran. Ich schielte ängstlich nach unten und erblickte allen Ernstes eine winzige menschliche Gestalt, höchstens sechs Zoll groß, die mit Pfeil und Bogen bewaffnet war und einen Köcher auf dem Rücken trug. Nun bemerkte ich, daß diesem ersten Winzling noch mindestens vierzig weitere folgten. Ich bekam einen solchen Schreck, daß ich laut aufschrie, was wiederum die kleinen Geschöpfe so erschreckte, daß diese ihrerseits aufschrien und entsetzt davonliefen. Später hörte ich, daß einige sich schwer verletzt hatten, als sie in Panik von mir heruntergesprungen sind. Es dauerte indes nicht allzu lange, da kamen sie zurück, und einer wagte sich so dicht heran, daß er mir direkt ins Gesicht sehen konnte. Voller Erstaunen und Bewunderung hob er die Hände und rief mit klarer Stimme: »Hekinah degul!« Die anderen wiederholten diese Worte mehrere Male, aber damals wußte ich noch nicht, was sie bedeuteten.

Unterdessen befand ich mich nach wie vor in einer sehr unangenehmen Lage. Ich versuchte, mich zu befreien, und konnte mit aller Anstrengung schließlich meinen linken Arm losreißen, gleichzeitig lockerte ich mit einem kurzen, schmerzhaften Ruck die Stricke, mit denen meine Haare auf der linken Seite festgebunden waren, so daß ich mich nun so weit aufrichten konnte, daß ich sah, wie ich gefesselt war. Meinen Kopf konnte ich jetzt immerhin ein paar Zentimeter zur Seite drehen. Ehe ich aber eines der kleinen Geschöpfe greifen konnte, waren sie bereits wieder geflüchtet. Dann vernahm ich ein lautes, schrilles Gekreisch, worauf eine kurze, tiefe Stille eintrat, bevor ein dumpfer Ruf erklang: »Tolgo phonac!« Gleichzeitig trafen wohl über hundert Pfeile meine linke Hand und stachen mich wie Nadeln. Schon war eine zweite Salve in der Luft, und einige dieser Pfeile regneten auf mein Gesicht, das ich mit der Linken kaum abschirmen konnte. Als diese Attacke vorüber war, stöhnte ich vor Schmerz und Elend und versuchte erneut, mich zu befreien, was mir jedoch nur einen weiteren, noch schmerzhafteren Pfeilregen einbrachte; außerdem versuchten nun einige sogar, mich mit Speeren in die Seite zu stechen. Glücklicherweise trug ich meine Weste aus festem Büffelleder, das die Kleinen nicht durchbohren konnten.

Ich beschloß, daß es das beste sei, mich ruhig zu verhalten und bis zum Einbruch der Dunkelheit liegenzubleiben, um mich dann von den restlichen Stricken zu befreien. Als die kleinen Quälgeister sahen, daß ich offensichtlich meinen Widerstand aufgegeben hatte, ließen sie mich in Ruhe, doch schwoll nun um mich herum der Lärm an, aus dem ich schloß, daß immer mehr der Winzlinge herbeiströmten. Gleichzeitig setzte dicht neben meinem rechten Ohr ein nervtötendes Klopfen und Hämmern ein, als würden Zimmerleute einen Dachstuhl errichten. So gut es eben ging, wandte ich meinen Kopf in Richtung des Lärms und sah, daß dort in Windeseile ein stattliches Gerüst aus dem Boden gewachsen war, das in Höhe meines Ohres eine Plattform besaß, auf der vier dieser Zwergwesen Platz finden konnten. Über eine lange Leiter kletterte einer von ihnen, der von höherem Stand und mittleren Alters zu sein schien, soeben hinauf, stellte sich in Positur und richtete das Wort an mich. Er hielt eine lange, laute Ansprache, die bisweilen bedrohlich, bisweilen freundlich und auch schon einmal mitleidig klang und von der ich keine Silbe verstand. Als er schließlich geendet hatte, antwortete ich höflich und untertänig mit wenigen Worten, aber da ich schon Stunden vor dem Untergang unseres Schiffes und seitdem nichts mehr gegessen hatte, siegte der Hunger schnell über alle Höflichkeit, und unmißverständlich steckte ich mehrmals die Finger meiner freien Hand in den Mund, um so mein dringendes Bedürfnis nach etwas Eßbarem auszudrücken.

Der Hurgo – so nennt man dort hochgestellte Persönlichkeiten, wie ich später erfuhr – auf dem Podest deutete meine Gesten richtig. Er stieg vom Gerüst, und auf seine Anordnung wurden Leitern an meine Seite gelehnt, über die etwa hundert der kleinen Leute zu mir hinaufstiegen. Sie trugen Körbe voll Fleisch über meine Brust bis zu meinem Mund, und hastig aß ich das köstliche Fleisch der unterschiedlichsten Tiere. Schulterstücke,

Keulen und Rippenstücke – alles mundete mir vorzüglich und war delikat zubereitet, allein keines dieser Teile war größer als der kleine Flügel einer Lerche, und selbst die größten Brotlaibe hatten lediglich den Umfang einer Flintenkugel. Die kleinen Geschöpfe staunten nicht wenig über meinen Appetit, rannten hin und her und schleppten immer neue, schwere Körbe die Leitern hoch, um mich satt zu bekommen.

Natürlich war ich auch durstig und gab dies durch ein anderes Zeichen zu verstehen, woraufhin sie mit viel Geschicklichkeit eines ihrer größten Weinfässer herbeischafften, mir vor den Mund rollten und an einer Seite öffneten. In einem Zug trank ich das Faß aus, für mich war es nicht einmal ein gutgefüllter Pokal! Der Wein indes war ein edles Gewächs und schmeckte wie ein leichter Burgunder. Ein zweites Faß wurde herbeigerollt, das ich genauso schnell und mit noch mehr Genuß leerte wie das erste, und als ich noch mehr Wein und noch etwas zu essen verlangte, gab man mir zu verstehen, daß nunmehr alle Vorräte erschöpft seien.

Auf meinem Bauch und überall auf mir tobten, tanzten und johlten die Winzlinge vor Vergnügen, als hätte ich vor ihren Augen ein Wunder vollbracht. Mit eindeutigen Handbewegungen forderten sie mich auf, die leeren Fässer hinabzuwerfen. Ich machte ihnen die Freude gern, gestehe aber, daß ich versucht war, ein paar von ihnen zu treffen. Auch hatte ich große Lust, mir nun vierzig oder fünfzig von ihnen zu schnappen und auf den Boden zu schleudern. Doch ich dachte sogleich wieder an die Pfeile und an meine demütigen Worte und ließ von dergleichen Gedanken schnell wieder ab. Und hatte mich dieses Volk nicht auch fürstlich bewirtet und mir große Gastfreundschaft erwiesen? Die Unerschrockenheit dieser kleinen Wesen hatte mir außerdem imponiert; denn es gehört schon einiger Mut dazu, auf dem Leib eines so ungeheuren Geschöpfes herumzuspazieren.

Kurz darauf erschien ein Abgesandter Seiner Majestät des Königs. Er hangelte sich auf mein rechtes Schienbein und schritt bis zu meinem Gesicht vor, ein Dutzend Diener in seinem Gefolge. Sodann hielt mir Seine Exzellenz ein Beglaubigungsschreiben mit dem königlichen Siegel vor die Nase und sprach etwa zehn Minuten lang in ganz sachlichem Tonfall auf mich ein. Immer wieder wies er dabei in Richtung der Hauptstadt, die, wie ich später erfahren sollte, nur etwa eine halbe Meile entfernt war und in die ich auf den weisen Rat des Königs gebracht werden sollte. Ich wollte natürlich die Freiheit und teilte dies dem Gesandten mit. Aber obschon dieser meinen Wunsch, den ich durch eine leichte Bewegung meiner freien Hand unterstrich, durchaus verstand, schüttelte er mißbilligend den Kopf und gab mir zu verstehen, daß ich ein Gefangener sei und als solcher in die Hauptstadt überführt werde. Ich konnte seinen Gebärden ferner entnehmen, daß ich genug zu essen und zu trinken und sogar neue Kleidung bekommen sollte. Da verspürte ich noch einmal den Drang, mich loszureißen und zu fliehen. Aber wieder fielen mir die Pfeile ein, denn meine Hände und mein Gesicht brannten immer noch höllisch und waren mit Blasen bedeckt. Auch hatte sich inzwischen noch mehr bewaffnetes Volk eingefunden, so daß ich ihnen schließlich zu verstehen gab, sie möchten mit mir tun, was sie wollten.

Sofort merkte ich, wie die Stricke an meiner linken Seite gelockert wurden, so daß ich mich auf die rechte Seite legen konnte. Mein geschundenes Gesicht und die Hände wurden sodann mit einer wohlriechenden Salbe bestrichen, und meine Schmerzen ließen fast augenblicklich nach. Dann schlief ich ein und wachte erst Stunden später wieder auf, was auch kein Wunder war, denn wie man mir später sagte, hatten die Ärzte des Königs ein Schlafmittel in den Wein gemischt.

Wie ich im nachhinein erfuhr, wurde dem König, nachdem man mich schlafend am Strand gefunden hatte, hiervon sofort Bericht erstattet, und es war im Hohen Rat beschlossen worden, mich zu fesseln, mir zu essen und zu trinken zu geben und schließlich eine Maschine zu bauen, mit der ich in die Hauptstadt transportiert werden konnte. Dieser Ratsbeschluß, mich am Leben zu lassen, war alles andere als leichtsinnig. Er war vielmehr weitsichtig, großherzig und klug. Hätte man nämlich versucht, mich im Schlaf durch Pfeile und Speere zu töten, so wäre ich von den Schmerzen wahrscheinlich sofort aufgewacht, hätte wild um mich geschlagen und in meiner Wut alle Stricke und Fesseln zerrissen, wobei die kleinen Wesen hoffnungslos unterlegen gewesen wären und mit Schonung kaum zu rechnen gehabt hätten.

Es ist dieses Volk mathematisch sehr begabt und hat es unter dem besonderen Schutz und der Förderung des Königs vor allem in der Mechanik sehr weit gebracht. So gibt es beispielsweise Maschinen mit Rädern für den Transport von Bäumen. Seine Kriegsschiffe, die manchmal bis zu neun Fuß lang sind, läßt der Monarch an Ort und Stelle im Wald bauen, wo das Bauholz wächst, und sie dann auf einem dieser Geräte über Land weite Strecken bis ans Meer transportieren. Fünfhundert Zimmerleute und Ingenieure mußten nun sogleich ans Werk gehen, um die größte dieser Maschinen für meinen Transport in die Hauptstadt umzubauen. So entstand ein hölzernes Gestell, das etwa sieben Fuß lang und vier Fuß breit war und das auf zweiundzwanzig Rädern lief.

Ich vernahm im Halbschlaf meiner Ohnmacht einen vielstimmigen Freudenschrei, als dieses Gerät, das nach meiner Schätzung bestimmt vier Stunden lang unterwegs gewesen sein mußte, endlich den Strand und meine Person erreichte. Da ich immer noch lang ausgestreckt auf dem Rücken lag, wurde das Fuhrwerk parallel zu mir in Stellung gebracht, und das Problem bestand nun darin, mich etwa einen Fuß hochzuheben und auf den Wagen zu bekommen. Sie benutzten dazu indes eine ebenso einfache wie geniale Methode, indem sie kurzerhand über meinem Körper eine mächtige Holzkonstruktion aus achtzig Pfosten errichteten, an denen Flaschenzüge befestigt wurden. Starke Seile – so dick wie Bindfäden – hingen daran herunter und wurden durch Haken an vielen Binden und Tüchern befestigt, die sie mir um Hals, Bauch und Beine geschlungen hatten. Sodann zogen neunhundert der stärksten Männer an den Seilen, hievten mich Stück für Stück hoch und bugsierten mich schließlich auf den Wagen, wo ich erneut festgebunden wurde. Die ganze Prozedur dauerte nicht weniger als drei Stunden.

All dies erzählte man mir später, denn infolge des Betäubungsmittels, das man mir in den Wein gegossen hatte, nahm ich davon kaum etwas wahr. Fünfzehnhundert der größten Pferde des Landes, jedes mit einem Stockmaß von etwa viereinhalb Zoll, zogen mich schließlich in die Hauptstadt.

Ungefähr vier Stunden nach Beginn unserer Reise wurde ich durch einen kuriosen Zwischenfall geweckt.

Als das Fuhrwerk kurz anhielt, weil ein kleiner Schaden behoben werden mußte, kletterten zwei oder drei junge Eingeborene auf den Wagen, die unbedingt wissen wollten, wie ich aussähe, wenn ich schliefe. Sie schlichen ganz vorsichtig zu meinem Gesicht, und einer von ihnen, ein Gardeoffizier, steckte seine Lanze in mein linkes Nasenloch. Es kitzelte mich dies wie ein Strohhalm, und ich mußte heftig niesen, worauf sie sich schnell wieder davonmachten. Erst drei Wochen später erfuhr ich die Ursache meines plötzlichen Erwachens.

Wir legten am selben Tag noch eine beträchtliche Strecke zurück, und als wir das Nachtlager aufschlugen, stellte man an den Längsseiten des Wagens je fünfhundert Wachen auf, ausgerüstet mit Fackeln und Gewehren, so daß an Flucht nicht einmal zu denken war.

Gleich nach Tagesanbruch setzten wir unseren Weg fort und sahen gegen Mittag die Tore der Stadt vor uns liegen. Der König kam uns mit seinem ganzen Gefolge entgegen, und alle hohen Würdenträger waren bemüht, Seine Majestät davon abzuhalten, zu mir nach oben auf den Wagen zu klettern – nur allzu leicht hätte er sich durch einen Sturz verletzen können.

Der Wagen hielt auf einem großen Platz, an dem auch ein alter Tempel stand, wohl der größte im ganzen Land. Einige Jahre zuvor war er durch einen gräßlichen Mord befleckt worden, und das Volk hielt seitdem diesen Tempel für entweiht. So hatte man alle geweihten Geräte aus ihm entfernt und das Gebäude für weltliche Zwecke freigegeben. In diesem Gemäuer sollte ich nun wohnen! Das große, nach Norden zeigende Tor war etwa vier Fuß hoch und zwei Fuß breit, so daß ich immerhin leicht hindurchkriechen konnte. Rechts und links neben dem Tor befanden sich kleine Fenster, und unterhalb des linken befestigte der königliche Hofschmied einundneunzig Ketten von der Art, an der europäische Damen ihre Uhren zu tragen pflegen. Mit sechsunddreißig Vorhängeschlössern schloß er wenig später diese Ketten an mein linkes Bein.

Dem Tempel gegenüber stand ein etwa fünf Fuß hoher Turm. Auf diesen stieg der König mit zahlreichen hohen Würdenträgern, um mich betrachten zu können. Auf dem Platz liefen ungefähr hunderttausend Menschen zusammen, um mich zu besichtigen, und trotz aller Wachen dürften wohl an die zehntausend auf mir herumgestiegen sein. Immerhin wurde bald darauf eine Verfügung erlassen, daß dies bei Todesstrafe verboten sei.

Als die Menschen sahen, daß ich mich unmöglich selbst befreien konnte, durchschnitten sie alle Stricke, mit denen ich noch gefesselt war, woraufhin ich mich endlich erhob. Das Staunen des Volkes, als es mich zu meiner vollen Größe aufgerichtet sah, läßt sich kaum beschreiben! Die Ketten an meinem Bein gestatteten mir, mich in einem kleinen Halbkreis zu bewegen, und da sie dicht am Tor verankert waren, konnte ich sogar recht bequem in den Tempel kriechen und mich dort lang ausstrecken.

Martin Auer

Der berühmteste Mann
der Welt

Ein junger Mann beschloß eines Tages berühmt
zu werden. »Ich will der berühmteste Mann der
Welt werden!« sagte er zu seinen Freunden.
»Willst du ein Popstar werden?« fragten die
Freunde. »Oder Wissenschaftler? Oder Politiker?
Oder Weltraumpilot? Oder wirst du das beste
Computerspiel der Welt erfinden?«
»Gar nichts«, sagte der junge Mann, »ich will nur
einfach berühmt werden.«
»Ja, aber du mußt doch irgend etwas *tun*, damit
du berühmt wirst!« sagten die Freunde.
»Um berühmt zu werden«, sagte der junge Mann,
»braucht man nichts anderes zu tun, als eben
berühmt zu werden.«
»Das verstehen wir nicht«, sagten die Freunde.

»Das macht nichts«, sagte der junge Mann, »ihr könnt mir die Hand schütteln. Dann könnt ihr einmal sagen, ihr habt dem berühmtesten Mann der Welt die Hand geschüttelt.«

Alle schauten ihn besorgt an, aber um ihm die Freude zu machen, schüttelten sie ihm alle die Hand.

Und natürlich erzählten alle Freunde des jungen Mannes daheim und bei ihren Freunden von der komischen Idee ihres Freundes, und bald wußten alle Freunde der Freunde des jungen Mannes und auch alle Freunde der Freunde der Freunde des jungen Mannes von seinem Vorhaben.

Der junge Mann aber malte sich ein großes Plakat, auf dem stand: »Ich bin Alexander Stolze und habe vor, der berühmteste Mann der Welt zu werden. Nützen Sie die Gelegenheit, und schütteln Sie mir jetzt schon die Hand!«

Immer, wenn er Zeit hatte, hängte er sich das Plakat um und ging damit auf die belebtesten Plätze der kleinen Stadt.

Und alle schauten sich das komische Plakat an, schüttelten die Köpfe über den Spinner und gingen weiter. Manche aber dachten sich: Wer weiß, vielleicht schafft er es doch, und gingen hin, um ihm die Hand zu schütteln.

Und allen, die das taten, sagte der junge Mann: »Ich freue mich sehr über Ihr Vertrauen. Und Sie werden sehen, eines Tages können Sie von sich sagen, daß Sie einmal dem berühmtesten Mann der Welt die Hand geschüttelt haben!«

Und die ihm die Hand geschüttelt hatten, erzählten ihren Freunden davon und sagten: »Ihr werdet schon sehen, er wird es schaffen!«

Nach einiger Zeit ging Alexander Stolze zur Redaktion der kleinen Zeitung, die in der Stadt erschien, und erzählte dem Redakteur von seinem Vorhaben. Und da sonst in der Stadt nicht viel Interessantes passiert war, schrieb der Redakteur einen kleinen Artikel über Alexander Stolze, der der berühmteste Mann der Welt werden wollte.

Darauf begann man in der ganzen kleinen Stadt über Alexander Stolze zu diskutieren, und die einen meinten, es wäre doch toll, wenn einer gerade aus ihrer kleinen Stadt der berühmteste Mann der Welt werden würde, dann könnten sie alle auf ihn stolz sein. Doch andere sagten, es sei eine Schande, daß solche Leute frei herumlaufen und andere Menschen belästigen könnten, und er solle doch lieber arbeiten und sich um seine Familie kümmern. Leserbriefe für und gegen Alexander Stolze wurden an die Zeitung der kleinen Stadt geschickt, und schließlich mußten sich sogar der Gemeinderat und der Bürgermeister mit der Sache befassen. Allerdings kamen sie zu keinem Ergebnis.

Doch über die Gemeinderatssitzung erschien wieder ein Artikel in der Zeitung der Stadt, mit einem großen Foto des Bürgermeisters und einem kleinen Foto von Alexander Stolze.

Der junge Mann aber schnitt alle Artikel und Leserbriefe, die von ihm handelten, aus der Zeitung aus, machte Kopien davon und schickte sie an die großen Zeitungen des Landes. Und wirklich fanden einige Redakteure der großen Zeitungen es sehr interessant, daß eine ganze Stadt über einen Mann stritt, der der berühmteste Mann der Welt werden wollte, und berichteten über ihn. Und eine Zeitung schickte sogar extra einen Reporter, der Alexander Stolze interviewte. Und in der nächsten Sonntagsbeilage der Zeitung konnte man Alexander Stolzes ganze Lebensgeschichte lesen. Daneben war ein großes Foto von ihm und darüber die Überschrift:

»Wird er es schaffen?«

Als die Leute in der kleinen Stadt die Artikel über Alexander Stolze in den großen Zeitungen lasen, da wollten sie jetzt natürlich alle einem so berühmten Mann die Hand schütteln. Und als Alexander Stolze wieder einmal auf dem Hauptplatz erschien, um sich die Hand schütteln zu lassen, da entstand ein fürchterliches Gedränge, und in dem Gedränge wurde ein junger Hund nervös und biß eine Frau ins Bein.

Alexander Stolze aber hatte vorsorglich einen Fotografen mitgenommen, der alles aufnahm, und schickte die Fotos von dem Tumult, den sein Erscheinen auf dem Hauptplatz verursacht hatte, wieder an alle Zeitungen.

Und die Redakteure fanden es sehr interessant, daß nur wegen ihrer Berichte ein solcher Tumult um Alexander Stolze ausgebrochen war, und sie druckten die Fotos samt ausführlichen Berichten ab.

Alexander Stolze aber sammelte alle Zeitungsausschnitte und Fotos und ging damit zum Leiter einer großen Fernsehshow, in der junge Talente vorgestellt wurden.

»Was für ein Talent haben Sie?« fragte ihn der Leiter der Fernsehshow, »sind Sie Musiker oder Zauberkünstler oder Erfinder?«

»Ich habe das Talent zum Berühmtwerden«, sagte Alexander Stolze. »Vor einem halben Jahr habe ich den Beschluß gefaßt, berühmt zu werden, und bis jetzt sind schon hundertsiebenundzwanzig Zeitungsartikel über mich geschrieben worden!«

»Das ist wirklich ein hochinteressantes Talent«, sagte der Leiter der Fernsehshow und ließ Alexander Stolze auftreten.

In der Show erzählte Alexander von seinem Plan, der berühmteste Mann der Welt zu werden, und dann ging er durch den Saal, und alle Zuschauer schüttelten ihm die Hand. Und natürlich versprach er allen, daß er sie nicht enttäuschen würde. Da waren sie alle sehr stolz.

Über diese Show wurde natürlich wieder in den

Zeitungen geschrieben, und als Alexander Stolze einen großen Saal in der Hauptstadt mietete und einen Monat lang jeden Abend tausend Leute eine Eintrittskarte kauften, war das eine Sensation, über die sogar im Ausland berichtet wurde.

Und je mehr über Alexander Stolze berichtet wurde, um so mehr Leute wollten ihm die Hand schütteln, und je mehr ihm die Hand schüttelten, desto größer wurde die Sensation, daß einer, der nichts konnte außer berühmt werden, so berühmt werden konnte. Und bald konnte Alexander Stolze große Tourneen ins Ausland unternehmen, und wo er hinkam, jubelten ihm die Leute zu und kauften teure Eintrittskarten, um ihm die Hand schütteln zu können. Denn gibt es etwas Tolleres, als einmal Aug' in Aug' einer Berühmtheit gegenüberzustehen und ihr die Hand zu schütteln?

Und wenn im Gedränge jemand verletzt wurde und vor Aufregung einen Herzanfall bekam, dann war das wieder eine Sensation, über die berichtet wurde, und Alexander Stolze wurde noch berühmter.

Trat er in einer Fernsehshow auf, dann schüttelten ihm als erste die großen Stars die Hand, denn das brachte immer viel Applaus.

Landete Alexander Stolze auf einem Flugplatz, dann wurde er oft von den wichtigsten Politikern des Landes begrüßt. Und die Fotos von der Begrüßung erschienen wieder in den Zeitungen.

Wenn ein Politiker keine Lust hatte, Alexander Stolze die Hand schütteln zu gehen, und sagte: »So einen Blödsinn mache ich nicht mit, wer ist denn schon dieser Alexander Stolze, was kann er denn eigentlich?«, dann sagten ihm seine Berater: »Das dürfen Sie unserer Partei nicht antun! Wenn Sie nicht hingehen, dann sind die Herren von der gegnerischen Partei die einzigen, die ihm die Hand schütteln, und dann kommen nur die in die Zeitung und wir nicht!« Und dasselbe sagten natürlich die Berater der Politiker der anderen Partei, und deswegen waren immer alle da, um Alexander Stolze die Hand zu schütteln. Wenn eine Zeitung darüber schrieb, wieviel Geld Alexander Stolze an dem ganzen Rummel verdiente, den er um sich veranstaltete, dann steigerte auch das seinen Ruhm. Denn wenn jemand viel Geld verdient, ist das der beste Beweis dafür, daß er gut ist. Und Alexander Stolze schrieb auch ein Buch, das hieß: *Alexander Stolze. Mein Weg zum Ruhm.* Darin schilderte er, wie er berühmt geworden war, und das Buch machte ihn noch berühmter und brachte ihm viel Geld ein, und das viele Geld machte ihn noch berühmter.

Er schrieb auch ein zweites Buch, das hieß: *Der Weg zum Ruhm für jedermann.* In dem Buch stand eigentlich dasselbe wie im ersten Buch, nur war hin und wieder der Satz eingefügt: »Und das können Sie auch machen!«

Vom zweiten Buch wurden noch mehr Exemplare verkauft als vom ersten, denn wer träumt nicht davon, einmal selber berühmt zu werden?

Eines Tages verkündete Alexander Stolze, er werde nun bald beweisen, daß er wirklich der berühmteste Mann der Welt geworden sei.

Er mietete das größte Stadion der Welt, das hunderttausend Zuschauer faßte, und lud alle großen Zeitungen und Radio- und Fernsehstationen der Welt zu seinem Auftritt ein.

Und weil fast jede Zeitung Tausende von Lesern hatte, denen Alexander Stolze einmal die Hand geschüttelt und versprochen hatte, der berühmteste Mann der Welt zu werden, konnte keine es sich leisten, nicht über dieses Ereignis zu berichten. Und dasselbe galt natürlich für die Radio- und Fernsehanstalten, und alle, alle schickten Reporter und Aufnahmeteams hin.

Als Alexander Stolze auf die Bühne trat, in einem blendendweißen Anzug, der eigens für diesen Auftritt angefertigt worden war, sagte er in alle die Fernsehkameras und Mikrofone, die auf ihn gerichtet waren:

»Vor fünf Jahren ist ein völlig unbekannter junger Mann aufgebrochen, um der berühmteste Mann der Welt zu werden, ein junger Mann mit keinem anderen Talent, als dem Talent, berühmt zu werden. Und alle, die davon gehört haben, wollten wissen, ob dieser junge Mann es schaffen würde.

Heute sitzen Hunderte Millionen von Menschen vor den Fernsehapparaten, und noch einmal so viele vor den Radiogeräten, und erwarten von mir den Beweis, daß ich wirklich der berühmteste Mann der Welt geworden bin.

Ich bitte jetzt die Kameraleute, ihre Fernsehkameras nicht auf mich zu richten, sondern auf die Reporter an den Fernschreibgeräten und Telefonen, auf die hunderttausend Zuschauer hier im Stadion. Ihr alle, die ihr den Beweis von mir verlangt, daß ich der berühmteste Mann der Welt geworden bin, ihr alle *seid* der Beweis: Weil ihr wissen wollt, ob ich berühmt bin, deshalb *bin* ich berühmt!

Der Beweis ist gelungen. Mein Ruhm hat mich berühmt gemacht. Ich danke euch, meine Freunde!«

Und dann kaufte sich Alexander Stolze ein kleines Haus in den Bergen und schüttelte nie wieder jemand die Hand. Und wenn ich nicht seine Geschichte aufgeschrieben hätte, wäre er heute schon längst wieder völlig vergessen.

Klaus-Peter Wolf

Endlich ein Loch im Auto

Ma und Pa waren schon wieder zusammen mit unseren Nachbarn auf einer Party zwei Straßen weiter. Deshalb durfte meine Freundin Elvira bei uns schlafen, damit ich nicht so alleine war. Natürlich schliefen wir nicht. Elvira wollte unbedingt Sachen machen, die sie schon immer mal machen wollte, aber nie durfte.

Ich sagte: »Dann tu das doch«, aber ihr fiel nichts ein. Sie ist nicht so blöd, wie ihr jetzt denkt, manchmal redet sie nur etwas kariertes Zeug.

Dann sagte sie: »Mach du, was du sonst nicht darfst.«

Denn schließlich, meinte sie, so eine sturmfreie Bude, die müßte man ausnutzen. Aber mir fiel auch nichts ein. Das heißt, mir fiel nichts ein, das ich nur ohne Eltern tun konnte.

Das glaubte mir Elvira nicht.

»Meinst du, du darfst alles?«

Ich nickte. »Klar.«

»Glaub' ich nicht.«

»Stimmt aber.«

»Darfst du zum Beispiel die Wände vollmalen?«

»Klar«, sagte ich. Ich konnte genügend Beweise dafür bringen, stammten doch die meisten Wandgemälde von Pa und mir. Wie oft hatte er noch weitergemalt, wenn ich schon längst im Bett lag? Das Piratenschiff mit drei Segeln und zwanzig Kanonen zum Beispiel, daran hatten wir ein ganzes Wochenende gearbeitet. Es ging von einer Zimmerdecke bis zur anderen. Pa mußte sogar auf einen Stuhl steigen, damit er die Segel oben fertig malen konnte.

Aber Elvira gab sich noch nicht geschlagen. »Darfst du auch die Blumentöpfe hier von der Fensterbank nehmen und damit Löcher in die Autos unten auf der Straße werfen?«

»Klar«, sagte ich, aber diesmal hatte ich keine Beweise.

»Hast du das etwa auch schon mit deinem Pa gemacht?«

»Klar. Jeden Sonntag. Immer morgens zum Wachwerden, weil es so schön in der ganzen Straße rumst.«

»Glaub' ich nicht.«

»Stimmt aber.«

»Glaub' ich nicht.«

»Stimmt aber.«

»Außerdem kann man mit Blumentöpfen gar keine Löcher in Autos werfen. Die kriegen höchstens ein paar Kratzer.«

»Denkste! Solche Löcher kriegen die!«

»Glaub' ich nicht.«

»Stimmt aber.«

»Glaub' ich nicht.«

»Muß ich ja wohl wissen. Wer macht das denn immer sonntags? Du oder ich?«

»Mach vor, wenn du dich traust!«

Ich ging also zum Wohnzimmerfenster, weil davor die meisten Blumentöpfe standen, öffnete es und suchte mir ein paar Autos aus. Es parkten genug unten auf der Straße. Dann pfefferte ich eine ohnehin etwas vertrocknete Kaktee auf einen roten Käfer. Elvira stand staunend hinter mir Ich verfehlte das Auto nur knapp. Der Blumentopf knallte auf den Asphalt. Mit dem zweiten Wurf klappte es besser. Es war so eine Art Farnkraut in dem Topf, der jetzt auf das Autodach schepperte. »Siehst du«, rief Elvira, »es gibt keine Löcher. Sie bleiben drauf liegen.«

»Ich hab' ja nur nicht feste genug geworfen.«

Ich versuchte es sofort noch einmal. Nach meinem sechsten Wurf lagen in fast allen Fenstern Leute und sahen mir begeistert zu. Männer kamen aus den Häusern gerannt, hechteten in ihre

Autos und jagten davon. Irgendwer rief dann wohl auf der Party von Pa und Ma an, denn plötzlich rannte Pa auf unser Haus zu, als würde er für die Olympischen Spiele trainieren, und hechelte die Treppen hoch. Ich öffnete schnell und rief ihm entgegen: »Pa, die Elvira glaubt mir nicht, daß wir sonntags immer zusammen Löcher in die Autos unten auf der Straße werfen!«

»Glaub' ich auch nicht, weil man nämlich mit Blumentöpfen gar keine Löcher in Autos werfen kann, das gibt bloß Kratzer, keine Löcher!«

Pa stürmte an uns beiden vorbei ins Wohnzimmer, sah aus dem Fenster, hielt sich die Augen zu, stöhnte und ging dann zum Wohnzimmerschrank, um sich einen Schnaps einzugießen.

»Pa, die Elvira glaubt mir nicht, daß wir sonntags immer . . .«

»Glaub' ich auch nicht, glaub' ich auch nicht!« krakeelte Elvira.

»Also noch mal langsam«, sagte Pa beschwichtigend, »ihr versucht gerade, mit unseren Blumentöpfen Löcher in die Autos zu werfen, oder was?«

»Ja, genau, und die Elvira glaubt mir nicht, daß wir sonntags immer Löcher in die Autos werfen!«

»Du lügst, du lügst, du bist eine Lügnerin!« schrie Elvira.

»Warum glaubst sie das nicht?« fragte Pa. »Denkst du etwa, Elvira, daß meine Tochter lügt?«

»Ja, sie lügt, sie lügt, weil man nämlich mit Blumentöpfen höchstens Kratzer in die Autos bekommt und keine Löcher.«

»Wer sagt das?«

»Ich habe es doch selbst gesehen.«

Pa stellte sein Schnapsglas ab, ging wieder ans Fenster, sah raus und brummte: »Jetzt ist sowieso alles egal.« An unserer Tür klingelte jemand Sturm. Einer trat auch gegen die Tür. »Siehst du den roten VW da?« fragte Pa Elvira. Sie nickte.

Pa packte unseren Rhododendron und feuerte ihn in hohem Bogen auf den VW ab. Pa schaffte es natürlich. Der Topf klirrte samt Strauch durch die Windschutzscheibe. Er hatte gewonnen. Es war ein Loch im Auto. Pa brummte: »Wir wollten uns ja sowieso ein neues Auto kaufen!«

Oh, ich war so stolz auf ihn!

An der Tür wurden die Leute immer lauter. Pa nahm mich beiseite, strich mir übers Haar und fragte: »Du ißt doch gern Koteletts?«

Ich nickte. »Ja, Pa, warum?«

»Weil ich morgen bestimmt wieder ein blaues Auge habe, und dann legt mir Ma doch immer ein Kotelett drauf, und das teure Fleisch braucht hinterher ja nicht zu verderben.«

Ich verstand Pa, und ich verstand auch, warum er mich und Elvira ins Schlafzimmer brachte und uns riet, nicht zu mucksen, bevor er zur Tür ging und sie langsam öffnete.

Otfried Preussler
Der Löwe ist ein Raubtier

Herr Klingsor war ein großartiger Zeichner,
das sind andere Lehrer auch. Aber wenn der
Herr Klingsor im Unterricht eine Rose an die
Wandtafel zeichnete, dann begann sie im nächsten Augenblick richtig zu duften. Und genauso
war es mit allen anderen Blumen. Gleichgültig,
ob er Veilchen zeichnete oder Narzissen, Nel-
ken oder Hyazinthen: sie alle begannen sofort
zu duften.
Zeichnete der Herr Klingsor ein paar Vögel an die
Tafel, etwa Amseln oder Drosseln, Rotkehlchen
oder Stieglitze, dann fingen sie auf der Stelle an
zu zwitschern und zu pfeifen. Und damit noch
nicht genug!
Einmal hatte er einen Specht an die Tafel gezeichnet und kürzlich sogar eine Nachtigall. Der

Specht hatte mit dem Schnabel so fest an die Tafel geklopft, daß Herr Klingsor ihn rasch wieder wegwischen mußte, sonst hätte die Tafel ein Loch bekommen. Und die Nachtigall hatte so herrlich geschlagen, daß es den Kindern ganz weich ums Herz geworden war. Und das blasse Mariechen Kleinwächter hat sogar weinen müssen: so schön war das Lied der Nachtigall.

Ein paar Tage zuvor hatte der Herr Klingsor den Kindern von den Eskimos erzählt, die bekanntlich im ewigen Eis leben und in Iglus hausen.

»Solche Iglus«, erklärte er ihnen, »sind runde Eskimohütten, die nicht aus Holz oder Steinen errichtet werden, sondern aus Schneeziegeln. Und sie sehen ungefähr so aus . . .«

Er zeichnete mit raschen Strichen eine Eskimohütte an die Wandtafel. Und kaum hatte er richtig damit begonnen, da wurde es seinen Schulkindern schon vom bloß Hinsehen schrecklich kalt. Rasch zogen sie ihre Mäntel aus und setzten die Mützen auf. Und die Annelies Petrak wickelte sich so fest in ihr dickes rotes Wolltuch ein, daß kaum noch die Nasenspitze hervorschaute.

Selbst der Herr Klingsor hatte kalte Finger bekommen. Deshalb bat er den Herbert Löwit und Appelts Willi: »Ach bitte, ihr beiden, wischt mir doch rasch die Tafel ab, sonst werden wir noch zu Eiszapfen!«

Danach hat Herr Klingsor geschwind ein Neger-
dorf an die Tafel gezeichnet, genauer gesagt einen
afrikanischen Hottentottenkral.

Davon ist es den Kindern rasch wieder warm
geworden. Und zwar so gründlich, daß von der
Eskimokälte nicht einmal das Lottchen Holdgrün
einen Schnupfen bekommen hat.

Tja, und dann ist eines schönen Tages der Herr
kaiserlich-königliche Stadt- und Bezirksschulinspektor Tschörner zur Visitation in die dritte
Klasse gekommen. Heute würde man sagen: Es
war der Herr Schulrat.

Der Herr k. k. Stadt- und Bezirksschulinspektor
Tschörner ist ein würdiger und gestrenger Herr
gewesen, vor dem alle Lehrerinnen und Lehrer
großen Respekt hatten. Und die Schulkinder übrigens auch.

Deshalb saßen sie an diesem Morgen besonders
brav und besonders aufrecht in ihren Bänken,
und alle arbeiteten im heutigen Unterricht über-
aus fleißig mit. Der Herr Klingsor konnte mit
ihnen zufrieden sein – und der Herr k. k. Stadt-
und Bezirksschulinspektor Tschörner auch.

Er saß in der linken hinteren Ecke des Schulzim-
mers in einem Lehnstuhl, den der Herr Schuldie-
ner Büttner eigens für ihn dort aufgestellt hatte.
Die Rechenstunde verlief wie am Schnürchen.
Auch an der darauffolgenden Heimatkundestun-
de gab es nichts auszusetzen. Der Herr Inspektor

machte sich eifrig Notizen und nickte von Zeit zu Zeit mit dem Kopf.

Die dritte Stunde war eine Lesestunde. Da wollte Herr Klingsor mit seinen Kindern die Fabel »Der Spatz und der Löwe« durchnehmen. Um die Kinder ein bißchen neugierig zu machen, zeichnete er zunächst einen Löwen an die Wandtafel. Einen richtigen großen Löwen mit einer mächtigen Löwenmähne und allem, was sonst noch zu einem richtigen Löwen gehört. Es war wirklich ein schöner, ein ungemein großer und prächtiger Löwe. Und dennoch! Sein Aussehen ließ, zumindest in den Augen des Herrn Inspektors, an einer entscheidenden Stelle zu wünschen übrig. Und da ja ein k. k. Stadt- und Bezirksschulinspektor den einfache Lehrerinnen und Lehrern dann und wann zeigen muß, daß er alles ein bißchen besser weiß und versteht als sie, konnte er der Versuchung auch diesmal nicht widerstehen.

Mit einem Räuspern erhob er sich aus dem Lehnstuhl, ging nach vorn und bemängelte, daß Herr Klingsor dem Löwen zu kleine Zähne gemalt hatte.

»Denn, Herr Kollege«, sagte er mit gewichtiger Miene. »Der Löwe ist ein Raubtier und hat ein Raubtiergebiß. Aber was Sie da gezeichnet haben, sind bestenfalls Mausezähne.«

»Ganz richtig, Herr Schulinspektor. Und wissen Sie auch, warum?«

Vermutlich hat der Herr Klingsor in diesem Augenblick leicht mit den Fingern geschnalzt und etwas gemurmelt. Denn plötzlich stieß der Löwe ein fürchterliches Gebrüll aus, tat einen Satz und stürzte sich, von der Tafel weg, auf den Herrn k. k. Stadt- und Bezirksschulinspektor! Na Mahlzeit!

Was für ein Glück, daß Herr Klingsors Löwe bloß Mausezähne hatte und kein Raubtiergebiß! Sonst wäre es gewiß nicht nur um den Herrn k. k. Stadt- und Bezirksschulinspektor Tschörner geschehn gewesen, sondern vermutlich auch um Herrn Klingsor und seine Schulkinder.

Aber wir wissen es ja: Herr Klingsor konnte ein bißchen zaubern. Und bevor noch der Löwe richtig heruntergesprungen war, hat er ihn schnell wieder an die Tafel zurückgezaubert. Das ist ganz schnell gegangen.

Allerdings hat der Herr k. k. Stadt- und Bezirksschulinspektor Tschörner den weiteren Verlauf der soeben erst begonnenen Lesestunde nicht abgewartet. Vielmehr hat er die Visitation vorzeitig abgebrochen. Und als ihm wenige Wochen später ein dienstliches Schreiben vorgelegt wurde, worin der Herr Lehrer Klingsor um seine Versetzung in einen anderen Schulbezirk ansuchte, da hat der Herr Tschörner dieses Gesuch so schnell und mit solchem Nachdruck befürwortet wie kein anderes je zuvor.

Ilona Bodden

Das Katzentischtuch

Es war einmal ein Tischtuch, das lag auf dem Frühstückstisch eines reichen Mannes und langweilte sich ganz furchtbar. Und weil es sich so sehr langweilte, hätte es sich gern mit jemandem unterhalten, aber es wußte nicht, mit wem.

Unter ihm war der Tisch, der war schlechter Laune und knarrte und knurrte bloß, wenn man ihn ansprach. Auf seinem Rücken gab es eine ganze Menge Gesellschaft: Da waren Teller und Tassen, Messer, Gabeln und Löffel und endlich auch noch die Kaffeekanne und die Zuckerdose. Aber sie waren alle zusammen schrecklich eingebildet, deshalb sagten sie nichts.

Der reiche Mann sagte auch nichts. Er saß hinter seiner Zeitung und schaute nach, um wieviel Geldscheine er über Nacht reicher geworden war,

105

denn das stand jeden Morgen darin. Und weil ihm dies das Wichtigste auf der ganzen Welt war, sah er auch nicht auf, sondern faßte nur ab und zu mit der Hand nach der Kaffeetasse oder schob sich ein Stück Kuchen in den Mund. Dabei paßte er natürlich nicht auf, und so kam es, daß er dem armen Tischtuch die Zuckerdose recht unsanft auf den Kopf warf.

»Was für ein Leben«, seufzte das Tischtuch. »Da läßt man sich waschen und spülen, bleichen und mangeln (und das ist manchmal gar nicht angenehm, das könnt ihr mir glauben!) – und dann wird man noch obendrein schlecht behandelt! Ich muß sagen, ich habe dieses Leben gründlich satt. Wenn das so weitergeht, werde ich meine Arbeit aufgeben.«

Doch der reiche Mann kümmerte sich überhaupt nicht um das Gejammer des Tischtuches, sondern griff nach der Kaffeekanne. Und weil er nicht hinschaute, machte er einen großen Fleck.

»Das ist zuviel!« schrie das Tischtuch voll Empörung, denn es hielt viel von Sauberkeit, »jetzt habe ich es aber satt! Nein, ich will kein Tischtuch mehr bleiben, ich werde mich verwandeln. Wenn dieser gräßliche alte Kerl nicht sofort eine Serviette nimmt und den Fleck ausreibt, werde ich eine Katze!«

Doch der reiche Mann dachte nicht daran, den

Flecken auszureiben, sondern raschelte nur mit der Zeitung.

»Du wirst dich wundern«, dachte das Tischtuch und bekam einen Katzenschwanz.

Aber der reiche Mann wunderte sich nicht, denn er sah gar nicht hin.

»Na warte«, dachte das Tischtuch, dem bereits ein Schnurrbart wuchs (denn das ist das Wichtigste an einer Katze), »gleich bin ich soweit, dann wollen wir mal sehen, was du sagst.«

»Uha«, sagte das Tischtuch und schlenkerte heftig mit allen vier Pfoten, »miau!« Und dann begann es, die Sahne aufzulecken.

»Was ist denn das?« sagte der reiche Mann, »hier hat doch eben etwas gemiaut? Es ist doch nicht etwa eine Katze im Zimmer?« Und er ließ seine Zeitung sinken und warf einen empörten Blick auf den Tisch, denn Katzen fand er ganz unausstehlich.

»Hilfe, Frau Krautwurst!« schrie er plötzlich ganz laut, »eine Katze sitzt auf meinem Frühstückstisch und leckt die Sahne auf!«, und er klingelte heftig nach der Haushälterin. Die saß gerade in der Küche und trank ebenfalls Kaffee, deshalb beeilte sie sich nicht allzusehr mit dem Kommen.

»Machen Sie sofort das Fenster auf!« schrie der reiche Mann wütend, »es ist eine Katze im Zimmer!«

»Wo denn?« fragte die Haushälterin verwundert,

»ich sehe keine Katze.« Und das stimmte auch, denn das Tischtuch hatte sich schnell wieder zurückverwandelt.

»Sie müssen geträumt haben«, sagte die Haushälterin und ging ärgerlich in die Küche zurück, denn inzwischen war ihr Kaffee kalt geworden. Aber kaum hatte sie den Rücken gekehrt, wurde das Tischtuch wieder eine Katze und sprang zum Fenster hinaus.

»Zu Hilfe«, schrie der reiche Mann, »zu Hilfe, mein Tischtuch ist eine Katze geworden!« Und er klingelte abermals heftig nach der Haushälterin. Die aber tat so, als ob sie nichts gehört hätte, sondern wunderte sich nur sehr, als sie den Kaffeetisch abräumte und kein Tuch mehr darauf lag. Das Tischtuch lief inzwischen auf dem steinernen Sims vor dem Fenster entlang und sprang hinunter in den Garten, wo es sich behaglich in die Sonne setzte.

»Miau!« sagte plötzlich jemand hinter ihm, und ein hübscher roter Kater spazierte den Gartenzaun entlang. »Miau. Du gefällst mir, Kleine«, schnurrte er. »Wollen wir heiraten?«

Das Tischtuch sah ihn zweifelnd an. »Ich weiß nicht«, meinte es zögernd. »Du mußt nämlich wissen, ich bin eigentlich ein Tischtuch.«

»Unsinn«, sagte der Kater und glaubte es einfach nicht, »natürlich bist du eine Katze und kein Tischtuch, und wir werden auf der Stelle heiraten, denn du gefällst mir zu gut, miau! Was du für einen hübschen braunen Fleck auf der Nase hast!« »Das ist ein Kaffeefleck«, seufzte das Tischtuch, »und der geht sehr schwer heraus. Aber wenn du meinst, können wir ja heiraten.«

Und das taten sie.

Nach einer Weile aber passierte etwas Schreckliches: Die Katze, die eigentlich ein Tischtuch war, bekam Junge. Und weil sie keine richtige Katze war, sondern ein Tischtuch, bekam sie auch keine richtigen Katzenjungen, sondern sechs kleine weiße Servietten, jede mit einem Schnurrbart.

»Miau«, sagte der Kater empört und war gar nicht mehr freundlich, »miau, du glaubst doch nicht im Ernst, daß ich diese Geschöpfe als meine Jungen anerkenne?« Und er betrachtete sie alle sechs so böse, daß den armen kleinen weißen Servietten die Schnurrbärte zitterten vor Angst. »Wenn du nicht willst, daß ich sie fresse, dann komm mir nicht mehr unter die Augen!«

Da blieb dem Tischtuch nichts anderes übrig, als sich aus dem Staube zu machen, und weil es nicht wußte, wo es bleiben sollte, lief es einfach zu dem bösen reichen Mann zurück, und die sechs kleinen weißen Servietten alle hinterher.

Der reiche Mann saß in einem weichen Sessel und blies genießerisch den Rauch einer dicken schwarzen Zigarre in die Luft, als plötzlich das Katzentischtuch in das Zimmer gelaufen kam. Es kroch unter dem Tisch hindurch und setzte sich gerade vor die Nase des Mannes, und die sechs kleinen Servietten setzten sich ringsherum.

»Miau«, sagte das Tischtuch, das eine Katze geworden war, und auf seiner Nase war noch deutlich der Kaffeefleck zu sehen, und die sechs Servietten wackelten dazu mit ihren Schnurrbärten und echoten: »Miau!«

»Hilfe!« kreischte der dicke alte reiche Mann und war so entsetzt, daß er sich verschluckte und der Rauch ihm aus den Ohren kam, »Hilfe, Hilfe!« Und er schrie so laut, daß die Haushälterin dieses Mal sofort herbeigestürzt kam, obwohl sie gerade geschlafen hatte und nur mit einem himmelblauen Nachtkleid bekleidet war.

»Was ist denn los?« schrie sie schon auf dem Flur und schwenkte ihre Perücke.

»Ach Gott«, stöhnte der reiche Mann, »das Tischtuch, das eine Katze geworden ist, ist wieder da und hat Junge gekriegt, sechs kleine weiße Servietten, jede mit einem Schnurrbart. Es ist fürchterlich!« Und er verbarg sein Gesicht hinter seinen Händen.

Während er so schrie, war die Katze schnell unter das Sofa gekrochen, und die sechs kleinen Servietten hinterher – so kam es, daß die Haushälterin beim besten Willen nichts entdecken konnte.

»Nun ist das alte Ekel endgültig übergeschnappt!« dachte sie ärgerlich und erinnerte sich, wie er sie vor ein paar Wochen mit demselben Unsinn von ihrem Morgenkaffee aufgescheucht hatte.

»Jetzt hole ich aber die Funkstreife«, sagte sie, und sie tat es.

Währenddessen hatte das Katzentischtuch Gelegenheit davonzulaufen, und als die Haushälterin mit den Polizisten zurückkehrte, fanden sie natürlich nichts, und sie nahmen den reichen Mann mit und brachten ihn ins Krankenhaus.

Da standen dann die Professoren alle um ihn herum, legten den Finger an die Nase und murmelten: »Ein ernster Fall!«

Und als der Mann nicht damit aufhörte, von seinem Tischtuch zu erzählen, das eine Katze geworden und davongelaufen war, steckten sie ihn mit einer Schwitzpackung ins Bett und ließen ihn eine Menge bitterer Medizin trinken.

Aber wo das Katzentischtuch mit den Serviettenkatzen hingelaufen ist, das weiß niemand.

Franziska Kusch/Hermann-Josef Schüren
Können Zähne fliegen?

Während des Unterrichts wartete Piet nur darauf, daß die Schule endlich zu Ende war. Als es zum letztenmal geklingelt hatte, rannte er, so schnell er konnte, zum Bus. Er nahm sich nicht einmal die Zeit, Herrn Mählich zu ärgern, so gespannt war er darauf, was die Oma ihm zeigen wollte. Als er in die Wohnung kam, stieg ihm schon der Geruch des übriggebliebenen Rosenkohls von gestern in die Nase.

»Schon wieder?« Piet verzog das Gesicht.

»Rosenkohl ist sehr lecker, mein Sohn! Andere Leute haben es nicht so gut. Die essen mittags nur Brot oder Gurken!«

Als die Mutter das sagte, bekam Piet plötzlich große Lust auf Brot und Gurken. Aber das konnte er nicht sagen. Er kannte die Mutter. Also maulte er wieder, daß er keinen Hunger habe.

»Der Hunger kommt beim Essen«, sagte die Mutter. Das war ihr Lieblingssatz, der aber höchstens auf sie selbst zutraf. Denn als Piet den großen Rosenkohlberg auf seinem Teller sah, verging ihm der Hunger. Aber diesmal, das wußte er, würde er sich nicht davor drücken können. Entweder mußte er essen, oder ihm mußte verdammt schnell etwas einfallen.

Die Mutter stand vor dem Herd und putzte die Kacheln. Und weil das Putzmittel so stank, stand das Fenster offen. Da kam Piet die rettende Idee. Er spannte eine Rosenkohlkugel vor die Gabel, zielte in Richtung des Fensters, und schwupp! – flog die Kugel hinaus. Piet verlor keine Zeit. Die Mutter durfte nichts merken, sonst hätte es ein Donnerwetter gegeben. Es machte schwupp! schwupp! schwupp! – und schon waren fast alle Rosenkohlkugeln auf die Flugreise gegangen. Bei der letzten aber ging es schief. Die knallte gegen das Fenster.

Als die Mutter das sah, schlug sie beide Hände vor das Gesicht und schrie: »Mein Gott, das gute Essen! Und du wirfst es aus dem Fenster! Du machst mich noch verrückt! Los, ab in dein Zimmer, du Bengel! Stubenarrest!«

Piet tat so, als hätte er eingesehen, daß es ein Fehler war, den Rosenkohl aus dem Fenster zu werfen. Aber in Wirklichkeit freute er sich, endlich zur Oma zu kommen. Bloß der letzte Rosenkohl tat ihm ein bißchen leid, weil der eine Bruchlandung gemacht hatte und vor das Küchenfenster geklatscht war.

»Und? Wie war's in der Schule?« empfing ihn die Oma und lächelte.

»Langweilig.«

»Und wie ist der Rosenkohl geflogen?«

»Woher weißt du das?« fragte Piet und wurde ein bißchen rot.

»Schließlich habe ich Augen im Kopf«, sagte sie. »Die Kugeln sind genau an meinem Fenster vorbeigeflogen. Ich schaue sehr oft aus meinem Fenster. Und ein fliegender Rosenkohl fällt natürlich auf. So etwas sieht man nicht alle Tage.«

Piet schaute die Oma an. Sie lächelte immer noch und war richtig schön mit ihren tausend Falten im Gesicht. Am liebsten hätte Piet ihr gesagt, wie schön sie aussah und wie froh er war, daß sie in seinem Zimmer lag, und wie lieb er sie hatte und all das. Aber irgendwie konnte er es nicht sagen, deshalb ging er lieber zu seinen Tieren.

»Ich hoffe, du hast nichts dagegen, wenn ich mich manchmal mit ihnen unterhalte«, sagte die Oma. »Deine Mutter redet immer nur dasselbe, und ich würde mich hier schrecklich langweilen, wenn ich nicht wenigstens mit den Tieren sprechen könnte.«

»Sprechen sie denn mit dir? Ich meine, geben sie auch Antworten?«

»Aber sicher! Man kann sich prima mit ihnen unterhalten. Sie haben ganz tolle Ideen. Du hast ihnen eine Menge beigebracht und sie gut erzogen. Manchmal verstehe ich zwar nicht, was sie sagen, aber das ist nicht ihre Schuld. Es sind die Ohren. In meinem Alter hören die nicht mehr alles. Oft wollen die nur noch ihre Ruhe.«

»Du . . . Oma«, druckste Piet herum, »behält man denn noch alles, wenn man so alt ist wie du?«

»Wo denkst du hin! Ich würde garantiert verrückt werden, wenn ich alles behalten würde, was ich in meinem langen Leben erlebt habe. Das ist zuviel für meinen armen Kopf. Der würde bestimmt platzen!«

»Ach so«, sagte Piet und streichelte Muck, den zerzausten Hasen. Die Oma vergaß fast alles. Also hatte sie wohl auch die Abmachung vergessen. Ganz sicher. Und dabei hatte er sich so auf die Überraschung gefreut und sich extra beeilt und noch nicht einmal bei dem Alten geklingelt. Beinahe hätte er angefangen zu heulen, so enttäuscht war er.

»Piet«, sagte die Oma, »hast du jetzt Zeit, oder mußt du dich noch länger um deine Tiere kümmern? Du weißt doch, daß wir etwas vereinbart hatten.«

Da sprang Piet auf. »Und ich dachte schon, du

hättest es vergessen, weil du so ein langes Leben hinter dir hast, und dein Kopf schon ganz voll ist, und weil unsere Abmachung ihn zum Platzen bringen würde!«

»Für wichtige Dinge ist immer Platz«, sagte die Oma. »Komm, setz dich zu mir. Ich zeige dir jetzt etwas, das habe ich noch keinem Menschen gezeigt, und du hast so etwas in deinem ganzen Leben bestimmt noch nicht gesehen.«

»Kannst du zaubern?« Piet hatte sich zur Oma auf das Bett gesetzt. Er zappelte vor Neugierde. Als er endlich ruhig dasaß, senkte die Oma die Stimme, tat ganz geheimnisvoll und flüsterte: »Jeder Mensch kann zaubern.«

Dann griff sie sich plötzlich mit zwei Fingern in den Mund, holte ihre Zähne heraus und legte sie auf die Bettdecke, so daß sie klapperten. Dann nahm sie sie wieder zwischen die Finger, hielt sie sich vor die Nase und tat, als wäre sie böse: »Was gibt es da zu klappern? Ist euch etwa kalt?«

In diesem Moment sah ihr Mund aus wie eine Löwenhöhle. Und ihr Gesicht hatte mehr Fältchen als Vaters frischgewaschene Oberhemden, wenn die Mutter sie noch nicht gebügelt hatte.

»Darf ich sie anfassen?« fragte Piet.

»Natürlich«, sagte die Oma. »Aber Vorsicht! Manchmal beißen sie!«

Piet nahm die Zähne vorsichtig zwischen die Finger und sah sie sich genau an. »Mensch, Oma, die haben ja kein einziges Loch!«

»Was denkst du denn? Du hältst die besten Zähne der Welt in der Hand! Die haben keine Löcher. Und sie können nicht nur beißen, sie können sogar fliegen!«

»Fliegen?« Piet riß vor Staunen den Mund auf.

»Mach mal das Fenster auf«, sagte die Oma. »Die Zähne werden jetzt dem Rosenkohl Gesellschaft leisten.« Dann nahm sie das Gebiß und flüsterte: »Heute habt ihr euren freien Tag. Ihr dürft jetzt ein bißchen durch die Gegend fliegen. Aber um halb fünf seid ihr zurück!«

Piet wollte der Oma noch sagen, daß sie den Zähnen befehlen sollte, auf ihrem Ausflug Herrn Mählich zu beißen. Aber bevor er dazu kam, hatte die Oma das Gebiß schon aus dem Fenster fliegen lassen.

Im gleichen Augenblick stürmte die Mutter ins Zimmer.

»Meine Güte!« rief sie und schlug die Hände über dem Kopf zusammen. »Was machst du denn da?«

»Ich?« fragte die Oma und sah Piet an. »Nichts!«

»Wo hast du denn deine Zähne gelassen? Du siehst ja verboten aus!«

»Meine Zähne? Die machen einen Gruppenausflug. Auch Zähne brauchen dann und wann Urlaub. Genau wie du!«

Die Oma lachte und lachte, wobei ihre Zunge in

der Mundhöhle hin und her tanzte, und Piet mußte auch lachen. Nur der Mutter war nicht nach Lachen zumute. Sie stemmte die Hände in die Hüften, daß alle Rosen auf ihrer Schürze zerknitterten: »Du machst mich noch ganz verrückt und den Jungen dazu. Ich habe es ja von Anfang an gesagt. Aber auf mich hört ja keiner! Piet, lauf sofort nach unten, und hol das Gebiß!«

»Das geht nicht«, sagte Piet. »Die Zähne fliegen doch durch die Luft und sind erst gegen halb fünf wieder zurück. Und einfangen kann ich sie nicht, sonst beißen sie mich.«

»Anna«, sagte die Mutter, denn so hieß die Oma, »hast du dem Jungen diesen Blödsinn erzählt?«

»Der Junge hat doch recht«, verteidigte sich Anna-Oma. »So einfach ist die Sache nicht. Zähne sind Zähne. Und fliegende Zähne lassen sich eben nicht so leicht einfangen.«

»Schluß mit dem Unfug!« schrie die Mutter. »Euch kann man keinen Augenblick alleine lassen! Irgendwann werft ihr auch noch Tisch und Stühle aus dem Fenster!« Die Mutter raufte sich die Haare, und ihre Augenbrauen zogen sich zu einer dicken, schwarzen Wolke zusammen.

»Quatsch«, sagte Anna-Oma und wandte sich zu Piet. »Oder hast du schon einmal einen Stuhl fliegen sehen.«

»Nö, nie. Stühle können gar nicht fliegen!«

»Na also«, sagte Anna. »Du kannst dich abregen.

118

Stuhl und Tisch bleiben, wo sie sind, während die Zähne durch die Gegend fliegen.«

»Ach, ihr«, schimpfte die Mutter, löste den Knoten ihrer Schürze und warf sie über den Stuhl. »Darüber ist noch nicht das letzte Wort gesprochen, das sag' ich euch!« Damit rannte sie aus dem Zimmer.

Piet setzte sich wieder zu Oma ans Bett. Er hatte die ganze Zeit am Fenster gestanden und nach dem Gebiß Ausschau gehalten, aber nur Spatzen und Schwalben gesehen. Von den fliegenden Zähnen keine Spur.

Oma hatte sich ein Gummibärchen in den Mund gesteckt und schmatzte.

»Können denn Zähne wirklich fliegen?« wollte Piet wissen.

»Glaubst du mir etwa nicht? Natürlich können sie das! Man muß sie allerdings vorher gründlich putzen, sonst stürzen sie ab. Der kleinste Ballast zieht sie in die Tiefe.«

»Und wann hast du deine Zähne zuletzt geputzt?«

Bevor die Oma antworten konnte, kam die Mutter wieder zur Tür herein. »Hier! Ich habe deine fliegenden Zähne eingefangen. Sie lagen im Gras!« sagte sie mürrisch und gab Oma das Gebiß.

Die setzte es sich auf den Kopf und fragte: »Na? Wie steht mir mein neuer Hut?«

»Jetzt ist aber Schluß!« Die Mutter war plötzlich

furchtbar wütend. Sie riß der Oma die Zähne aus dem Haar, rannte ins Badezimmer, hielt das Gebiß unter den Wasserhahn, füllte ein Glas mit Wasser, ließ das Gebiß hineinplumpsen und brachte das Glas der Oma.

»Mein Gott! Was hast du getan?« schrie die Oma, tat ganz aufgeregt und kippte das Glas um, so daß das ganze Wasser auf den Boden lief. »Meine Zähne können fliegen, ja, aber doch nicht schwimmen! Um ein Haar hättest du sie ertränkt! Du Zahnmörderin, du!«

»Ach, ich laß mich doch von dir nicht verrückt machen«, brüllte die Mutter außer sich. So hatte Piet sie in seinem ganzen Leben noch nicht gesehen. Sie schlug die Tür zu, daß die Glasscheiben klirrten, und noch im Flur hörten sie sie toben: »Wie soll das ein Mensch aushalten? Ich werd' hier noch verrückt!«

Die Oma nahm die Zähne, kicherte und gab ihnen einen Kuß. Dann sagte sie: »Uff!« und legte das Gebiß neben sich auf den Nachttisch.

»Und jetzt?« fragte Piet.

»Jetzt wäre ich froh, wenn du mich ein paar Stunden schlafen lassen würdest.« Und schon war die Oma eingeschlafen, schnarchte leise und hatte ein ganz zufriedenes Gesicht.

Christel Süßmann
Flunkerfest bei Pete Pelleworm
(Auszug)

Jetzt wollen wir hören, wer die schönste Lügengeschichte zu erzählen weiß!« sagte Pete. Er drückte sich, weil Heiligabend war, heute richtig feierlich aus. »Jeder muß eine tolle Geschichte zusammenlügen, einverstanden?« Er dachte, bestimmt könne er das beste Seemannsgarn spinnen, aber Karl Bumnickel meinte, den Preis für die beste Geschichte würde gewiß er, Karl Bumnickel, bekommen, denn er wäre für sein Jägerlatein weltberühmt.

»Nun, wir werden sehen«, lachte Pete. »Mein Seemannsgarn ist auch nicht von Pappe.« Die beiden schlugen sich gegenseitig auf die Schultern, nannten sich »alte Knaben« und waren sehr vergnügt. Die Kinder machten es sich auf dem großen Eisbärfell gemütlich, das Pete vor langer Zeit einmal von einem Eskimo geschenkt bekommen hatte. Paulchen setzte sich mutig auf den Eisbärenkopf mit den schwarzen Augen und dem gewaltigen offenen Maul, das voller langer gelber Zähne war. Silke ging lieber zum anderen Ende, denn so ganz geheuer kam ihr der Eisbär immer noch nicht vor, obwohl er nur noch aus Fell bestand.

Elke und Heike saßen in der Mitte und redeten ununterbrochen von den Lügengeschichten, die sie jetzt hören sollten. Wunderbar war es hier! Sogar schwindeln durfte man, und keiner fand etwas dabei.

Elsa brachte noch Tee, und dann fing Pete zu erzählen an. Er sprach gar nicht so polternd wie sonst, sondern ganz normal und gesittet. Das kam wohl von all dem milden Kerzenschimmer.

»Ja«, sagte er, »da war also einmal hier in der Gegend eine Seeschlange aufgetaucht. Alle Schiffe, außer den allergrößten Ozeandampfern, mußten sich höllisch vor ihr in acht nehmen, denn ehe man vor ihr ausrücken konnte, hatte sie mit einer Bewegung ihres langen Körpers das Schiff schon umgekippt oder es gar mit sich in die Tiefe gerissen. Wir hatten ausgemacht, daß die Leute auf dem Festland mit einer Fahne winken sollten, wenn sie sich am Strand sehen ließe. Ich sollte ebenfalls Zeichen geben, wenn sie beim Leuchtturm auftauchte. Und was glaubt ihr wohl, was eines Tages geschah? Am Festland schwangen sie die Fahne, und auch ich machte mich dazu bereit: Die Leute von Prielbüttelkoog signalisierten, die Seeschlange läge mit dem Schwanz auf dem Strand, während sie ihren Kopf doch gerade auf unserer Treppe hatte. Wahrhaftig wahr! Das gab vielleicht ein Hallo! Die Schlange mußte also über einen Kilometer lang sein, denn das war die Entfernung vom Festland zum Leuchtturm.

Nun, eines Tages, es war Winter, und der Frost ließ die Wellen zu Eisbergen erstarren, da stand ich hoch oben auf meinem Leuchtturm und wollte gerade den Keller streichen. Plötzlich merke ich doch, wie sich die Seeschlange die Treppe heraufwindet, dieselbe Treppe, auf der ihr Kinder jetzt immer in euer Zimmer geht! Wahrscheinlich wollte sie mich zum Frühstück vertilgen. Sie sah grausig aus: Die Augen funkelten grün und böse, als wären Laternen dahintergestellt. Sie riß das breite Maul weit auf und zeigte eine Reihe von zehn Zentimeter langen Zähnen. Über und über war sie mit Schuppen bedeckt wie ein Fisch. – Nichts wie fort, dachte ich und sprang mit einem Hechtsprung, den Kopf voraus, ins Wasser! Es dauerte fünf Minuten, bis ich unten ankam. Ihr wißt ja, der Leuchtturm ist hoch! – Aber als das Wasser keinen Spritzer von sich gab, merkte ich, daß es gefroren war. Daran hatte ich in meinem Schrecken nicht mehr gedacht. Meinem Kopf hatte es nichts ausgemacht – ich habe ja einen harten

Schädel!« (Hier hustete Elsa vernehmlich. Pete störte sich nicht daran und tat, als hätte er nichts gehört.) »Ja, und so steckte ich also fest. Fest im Eis stak ich und konnte mich nicht rühren! Bis Elsa endlich kam. Sie hatte mich überall gesucht, und als sie die Schlange auf der Treppe liegen sah, ahnte sie nichts Gutes. So lief sie schnell rund um den Turm herum. Na ja, und da sah sie meine Beine aus den gefrorenen Wellen ragen. Das war ein Schreck damals, was, Elsa? Sie begann also aus Leibeskräften an meinen Beinen zu ziehen, aber ich rührte mich nicht. Ich steckte im Eis wie ein Korken in der Flasche. – Die Seeschlange war inzwischen wieder ins Meer zurückgeglitten, denn sie hatte gemerkt, daß ich nicht mehr oben war. Durch das gleiche Loch im Eis, durch das sie gekommen war, hatte sie sich blitzschnell wieder zurückgewunden und zog nun unter Wasser an meinen Armen und an meinem Kopf, daß mir kein einziges Haar blieb. Die sind mir erst im Laufe der Zeit wieder nachgewachsen. Zu gerne hätte sie mich doch noch in ihre Gewalt bekommen. Anscheinend wollte sie sich nicht mit Kopf und Armen zufriedengeben. Oben zog Elsa, unten zog die Seeschlange – ich wurde lang und länger. Mein Hals maß schon drei Meter, meine Arme waren fünf Meter lang geworden, und meine Beine hatte Elsa so langgezogen, daß sie auf den Leuchtturm steigen mußte, um sie dort oben

festzubinden, sonst hätten sie sich ineinander ver-
heddert, und ich hätte vielleicht überhaupt nie
mehr laufen können.

Und weil ich durch das viele Ziehen so dünn
geworden war, konnte ich mich endlich doch aus
dem Loch befreien. Die Seeschlange hatte nämlich von mir abgelassen, weil ich sie fest in die
Nase gebissen hatte.

Elsa legte mich wie eine Handvoll Makkaroni ins
Bett. Wir mußten den Doktor vom Festland kommen lassen, der mich mit viel Mühe nach und
nach wieder zusammenschob. Es dauerte sechs
Monate, bis ich wieder der alte Pete Pelleworm
war.«

Backpfeife

Wenn ein Bäckergeselle ausgelernt hat, schenkt ihm sein Lehrmeister zum Abschied eine Backpfeife.

Nehmen wir an, du wärst ein Bäckergeselle oder eine Bäckergesellin. Von jetzt ab mußt du diese Backpfeife immer bei dir tragen. Am besten hängst du sie dir an einer Schnur um den Hals.

Jetzt kann nichts mehr schiefgehen. Die Backpfeife trillert, wenn die Brote im Backofen so richtig schön braun sind. Sie trillert, sobald die Semmeln eine knusprige goldbraune Kruste haben. Sie trillert, wenn der Käsekuchen fertig ist und die Plätzchen und die Schwarzwälder Kirschtorte.

Ein Bäckergeselle, der auf seine Backpfeife hört, dem verbrennt kein Brot und verkohlt kein Kuchen. Sie pfeift, und er muß nur rasch die Ofentür aufreißen und alles herausholen.

Leider vergessen die meisten Bäckergesellen nach einiger Zeit, ihre Backpfeife mitzunehmen. Sie lassen sie auf dem Nachttisch liegen oder am Garderobenhaken hängen. Sie behaupten, inzwischen wüßten sie selbst, wann das Brot ausgebacken sei. Sie hätten es im Gefühl, wie lange ein Kuchen im Ofen bleiben müsse. Aber das ist ein großer Irrtum! Ich könnte dir Brote zeigen, die zerfallen zu Krümeln, sobald man sie anschneidet. Semmeln könnte ich dir zeigen, die haben verkohlte Zipfel, und solche, die blaß sind wie kranke Chinesen.

All diese Sachen stammen aus Bäckerläden, wo man die Backpfeife für überflüssig hält. Paß das nächstemal auf, wenn du Brötchen holen gehst, denn jetzt kennst du den Unterschied.

Nachtfalter

Wie ein großes, schwarzes Zelt hängt die Nacht über der Erde. Bis der Tag einen Zipfel beiseite schiebt und versucht, für sich Platz zu schaffen. Immer höher stemmt er das Zelt. Man könnte sich fast vorstellen, da leierte jemand an einer mächtigen Kurbel und die Nacht würde aufgerollt wie die Markise über dem Schaufenster eines Geschäfts. Es wird heller und heller. Je nach Wetterbericht zieht ein Haferschleimtag herauf oder ein rosa Morgen mit Wölkchen wie Apfelblüten.

Auf der anderen Seite des Himmels aber steht der Nachtfalter schon bereit, um all das Dunkel aufzufangen, das sich dort zusammendrängt. Anfangs sinkt es noch ganz langsam herunter. Wie eine schwarze Fahne, die eingeholt wird. Dann fällt es immer schneller, wie ein Wasserfall aus dunkelblauer Tinte. Der Nachtfalter hat alle Hände voll zu tun. Er legt das schwarze Nachtzelt sorgsam übereinander und wieder übereinander und noch mal übereinander.

Hast du schon einmal einen Zettel so lange zusammengefaltet, bis es nicht mehr ging? Genau so macht es der Nachtfalter mit der Nacht. Zuletzt stopft er das Häufchen in eine schwarzlackierte Teebüchse und bringt sie in sein Vorratslager. Dort stehen schon 364 andere Büchsen und Dosen und Schachteln, und alle sind voll. Dies hier ist die 365. Nacht, die er gefaltet hat und aufbewahrt. Es sind die Nächte eines ganzen Jahres.

Jeden Herbst macht der Nachtfalter Urlaub und reist an den Nordpol. Dort öffnet er die Hälfte seiner Büchsen und Dosen und Schachteln. Dann fährt er an den Südpol und tut dort das gleiche.

Jetzt bleibt es am Nordpol und am Südpol ein halbes Jahr Nacht, immer nur Nacht.

Tomatenmark

Manchmal hast du große Lust, etwas zu kaufen: Lakritze oder gelbe Kreide oder einen Kopfputz aus Adlerfedern. Dann brauchst du Geld.

In jedem Land heißt das Geld anders. Stotinki oder Kopeken, Peseten, Forint oder Lire. Wo du auch wohnst – überall mußt du nachsehen, ob du auch das richtige Geld bei dir hast. In Südafrika nehmen die Eisverkäufer keine Öre, und in Borneo kannst du nicht mit Yen bezahlen.

Dabei wäre das Problem so einfach zu lösen. Ein japanischer Koch hat nämlich nach langem Probieren die Tomatenmark erfunden, die für alle Länder gilt. Neulich erst las ich von jemandem, der sich in Grönland eine Schneehütte gekauft hat und mit Tomatenmark bezahlte.

Außerdem habe ich einen Onkel, der Kapitän ist. Er kommt weit herum in der Welt und behauptet, schon Tomatenmarkstücke im Umlauf gesehen zu haben. In Baffin Island und San Antonio. (Das ist leider etwas ungenau, da es über zehn San Antonios gibt.) Auch beschreibt mein Kapitäns-

onkel die Tomatenmark jedesmal anders: Mal soll
sie aufblasbar sein und an Fäden gehalten werden. Mal ist sie kugelförmig und klappert. Mal
gleicht sie einer durchsichtigen Briefmarke. Mal
wird sie in Gläsern mit Essigwasser aufbewahrt.
Aber es gibt sie, die Tomatenmark.
Womit hätte der Mann in Grönland sonst die
Schneehütte bezahlt?

Widerwillige Ergänzung

Backpfeife: Umgangssprachlich für Ohrfeige. Körperliche Züchtigung mit der flachen
Hand auf die Wange.

Widerwillige Ergänzung

Nachtfalter: Alle Schmetterlinge, die erst mit Beginn der Dämmerung fliegen; Spinner,
Spanner, Schwärmer, Eulen (nicht zu verwechseln mit den gleichnamigen Vögeln!).

Widerwillige Ergänzung

Tomatenmark: Aus frischen Tomaten hergestelltes Konzentrat, als Konserve in Tuben,
Dosen oder Gläsern erhältlich.

Ute Keil

Nico
und die schwarzen Ritter

Nico ist gestern umgezogen. In der neuen Wohnung geht alles drunter und drüber. Nichts wie
raus hier! Sie springt in ihre Jeans und streift sich
das T-Shirt mit dem schwarzen Motorradfahrer
und dem gelben Totenkopf über. Nico liebt dieses
Hemd. Nico liebt überhaupt alle Sachen, die von
ihrem großen Bruder stammen. Leider sind die
meisten kaputt, wenn sie ihm nicht mehr passen.
Am Fenster hängen noch keine Gardinen. Nico
beugt sich hinaus. Unten rennen Kinder hinter
einem Ball her. Nico kennt das Spiel: Völkerball.
Sie fischt ihre Turnschuhe aus einem der Umzugskartons, die überall in der Wohnung herum-
stehen. Bis der Fahrstuhl kommt, hat sie die Knoten aufgedröselt. Ein unausgeschlafener Mann

mit einer Plastiktüte und einem Pudel verläßt den Fahrstuhl. Er blickt unfreundlich auf Nico herab. »Kinder unter vierzehn dürfen den Fahrstuhl nicht benutzen«, schnaubt er und stellt sich zwischen den Fahrstuhl und sie.

»Bin ich gestern geworden«, behauptet Nico und schiebt sich an ihm und seiner Plastiktüte vorbei.

Der Mann starrt sie überrascht an. Natürlich glaubt er das nicht, aber er ist erst einmal überrumpelt. Ehe er etwas unternehmen kann, schließen sich die Türen, und der Fahrstuhl saust mit Nico abwärts. Bis zum Erdgeschoß hat sie die Füße in die Schuhe gezwängt und fährt sich mit gespreizten Fingern durch die Haare. Sie versenkt die Hände in die Hosentaschen, lehnt sich an die Hauswand und beobachtet die Kinder. Es sind lauter Mädchen. Aber Nico ist nicht die einzige Zuschauerin. Am gegenüberliegenden Haus haben sich die Jungs versammelt und lachen sich tot, wenn eine mal den Ball nicht fängt oder vorbeiwirft. Nico muß nicht lange warten, bis der Ball zu ihr herüberrollt. Das Mädchen, das ihn hätte fangen sollen, kommt auf sie zugelaufen. Nico streckt ihr den Ball entgegen und fragt, ob sie mitspielen darf.

Das Mädchen mustert sie neugierig. »Bist du hier zu Besuch?«

»Ich wohne hier«, erklärt Nico.

»He, kommt mal her, die ist neu hier!« ruft sie den anderen zu.

Nico erzählt, daß sie gestern abend einzogen sind.

»Kannst du Völkerball spielen?« fragt eine.

»Klar«, sagt Nico, und schon ist sie mittendrin. Auch die Jungen beobachten Nico. Sie sind stiller geworden. Nico kann gut fangen und werfen. Fast jeder Wurf ist ein Treffer. Niemand lacht sie aus.

Als Nico ihren Vater gegen Mittag mit einer großen Tüte von der Frittenbude ins Haus eilen sieht, stürmt sie schnell hinterher. Wenn es nach Nico ginge, könnten die Töpfe und Pfannen ruhig noch ein paar Tage in den Umzugskartons bleiben. Sie liebt Pommes und Currywurst.

Nach dem Essen zieht es sie gleich wieder hinunter. Der Fahrstuhl beschwert sich nicht, wenn Nico ihn benutzt, und die Plastiktüte mit dem Pudel ist nirgends zu sehen. Aber auch von ihren neuen Freundinnen ist keine mehr zu sehen. Bloß drüben auf der anderen Seite stehen noch die fünf Jungen und versuchen sich im Kicken. Nico setzt sich auf die Eingangsstufen und wartet. Irgendwann haben die Jungs sie entdeckt. Sie stecken die Köpfe zusammen und schlendern dann langsam auf Nico zu.

»Hi«, sagte der größte von ihnen und mustert Nico von oben bis unten.

»Hi«, sagt Nico.

»Bist neu hier?« fragt er und schiebt seinen Kaugummi von einer Backe in die andere. Nico nickt. »Wie heißt du?«

»Nico«, sagt Nico. Daß das die Abkürzung von Nicole ist, muß sie denen ja nicht gleich auf die Nase binden. »Und du?« Der Junge heißt Gerd.

»Und du spielst mit Mädchen?« stellt er verächtlich fest.

»Na und?« entgegnet Nico. Dann fällt bei ihr der Groschen, und sie muß grinsen. Schon wieder so ein paar Dummköpfe, die sie für einen Jungen halten. Das passiert ihr öfter.

»Du bist nicht schlecht mit dem Ball. Spielst du Fußball?«

»Handball«, sagt Nico. »Aber jetzt bin ich aus der Mannschaft raus, weil wir umgezogen sind.«

Die Augen des großen Jungen leuchten auf. »Echt? Wir spielen auch Handball, Torsten, Sascha und ich. In unserer Mannschaft könnten wir noch einen guten Rechtsaußen gebrauchen. Hast du Lust, dann sag' ich's dem Trainer.«

»Meinetwegen«, nickt Nico und beißt sich auf die Lippen, um nicht zu lachen. »Seid ihr denn gut?«

»Gut? Wir sind DIE Champs überhaupt!« tönt Gerd und blickt Nico noch einmal prüfend an. »Warte mal.«

Die fünf stecken erneut die Köpfe zusammen und tuscheln. Nico ist gespannt, was sie von ihr wollen.

»Wartest du hier etwa auf die Mädchen?« fragt Gerd. Nico versteht, daß er nicht viel von Mädchen hält.

»Warum nicht?« antwortet sie vorsichtig.

»Mädchen sind doof«, behauptet Gerd abfällig. »Wenn du willst, kannst du bei uns Mitglied werden. Wir sind eine geheime Bande. Nur Jungs. Aber du darfst kein Sterbenswörtchen davon verraten, sonst . . .« Gerd zeigt drohend seine Faust.

Das interessiert Nico brennend. »Was ist das für eine Bande?«

Gernot beugt sich vor: »Die schwarzen Ritter.«

»Und was machen die?« will Nico wissen.

Gerd schaut sich um, ob auch ja keiner zuhören kann. »Jeder schwarze Ritter muß mindestens einmal am Tag lügen. Kannst du lügen?«

»Logo«, sagt Nico. Wenn's weiter nichts ist.

»Gut«, sagt Gerd zufrieden. »Du mußt aber eine Aufnahmeprüfung bestehen. Los, komm mit zu unserem Geheimtreff. Du mußt eine Lüge erfinden, die ganz schlimm und gemein ist.«

»Und was ist schlimm und gemein?« will Nico wissen.

»Mann, werd nicht schwach«, spottet Gerd. »Irgendeine superdicke Lüge. Wenn du nicht weißt, was das ist, kannst du dich gleich verpissen und mit den Weibern spielen.«

»Okay, okay«, sagt Nico. »Reg dich ab. Worauf warten wir?«

Sie folgt den Jungen bis dorthin, wo die Häuser aufhören. Einer bindet ihr ein Tuch vor die Augen. »Damit du unser Geheimversteck nicht findest, falls du die Prüfung nicht bestehst.«

Nico gelingt es, unter dem Tuch hervorzublinzeln, sonst wäre sie sicher ständig gestolpert. Der Weg ist sehr holprig. Als sie den Schal endlich abnehmen darf, befinden sie sich in einer ausgetrampelten Buschhöhle direkt am Bach. Dichte Zweige bilden das Dach, und niemand kann von außen hineinsehen. Die Jungs hocken sich im Halbkreis um Nico herum und starren sie gespannt an.

»Die schwarzen Ritter warten. Fang an.«

Nun muß Nico lügen, was das Zeug hält. Sie holt tief Luft. »Also, da wo ich herkomme, hatten wir einen Lehrer, der war so dünn wie ein Strohhalm. In einer Mathestunde haben wir unter dem Pult einen Schlauch in sein Hosenbein gesteckt und ans andere Ende eine Luftpumpe. Während er rechnete, haben wir ihn aufgepumpt. Er wurde immer dicker und dicker, bis erst die Hose platzte und dann sein Hemd. Zuletzt war er leicht wie ein Luftballon und flog durch das Fenster.«

Nicos Lügengeschichte war noch längst nicht zu Ende, aber sie kam nicht weiter. Die Jungs fingen an, sie auszupfeifen und auszubuhen.

»Hör bloß auf! Wenn du so ein Milchgesicht bist,

kannst du gleich wieder abhauen. Schocken sollst du uns und keine Babymärchen erzählen!«

Nico erschrickt. Schocken? Na gut, wenn sie es nicht anders wollen, bitte! Nico kann auch anders. »Also«, beginnt sie und guckt Gerd angriffslustig an. Dem eingebildeten Affen wird sie es schon zeigen. »Als ich vorhin zum Essen hochging, habe ich im Treppenhaus deinen Vater gesehen. Der hat in der Ecke gestanden und wild mit Torstens Oma herumgeknutscht. Dann kam deine Mutter mit einem Beil und hackte die beiden in der Mitte durch. Aber anstatt tot umzufallen, haben beide Hälften einzeln weitergeknutscht. Sie schmatzten so laut, daß die Lampen von der Decke fielen. Plötzlich landete eine Rakete im Treppenhaus, aus der stiegen lauter grüne Männchen mit dünnen Beinen und großen Ohren. Die sahen genauso aus wie ihr, nur ganz grün und ohne Pickel. Alle hatten einen Reißverschluß auf dem Bauch. Den haben sie aufgezogen und sich die Gedärme rausgeholt. Damit haben sie Torstens Oma und deinen Vater wieder zusammengeflickt. Das hat so schrecklich gestunken, daß der Hausmeister die Feuerwehr gerufen hat.«

Nico sieht die fünf triumphierend an. Das war's wohl!

Entweder wird sie jetzt verprügelt oder aufgenommen. Aber Torsten tippt sich nur mit dem Zeigefinger gegen die Stirn, und Gerd schüttelt abfällig den Kopf und winkt ab. »Mann, war das alles?« Die anderen lachen. Nico könnte heulen vor Wut. Da erzählt sie eine Lüge, wie sie selbst ihr großer Bruder nicht besser erfinden könnte. Und diese Knacker behaupten, das sei gar nichts! Nico ist stinksauer, und das sollen sie ruhig wissen: »Ihr Lahmärsche!« brüllt sie wütend und ballt die Fäuste. »Was wißt ihr pickeligen Flaschen denn vom Lügen? Ihr macht euch doch schon in die Hose, wenn ihr eure Mami mal beschwindeln müßt, weil ihr die Hausaufgaben nicht gemacht habt. Eure blöde Bande interessiert mich einen Dreck. Schwarze Ritter! So ein beknackter Name! Ich lach' mich kaputt! Und überhaupt: Die paar heruntergetretenen Blättchen und Zweige sollen ein Geheimversteck sein? Das finde ich mit verbundenen Augen wieder, und morgen zeige ich es den Mädchen. Mädchen sind sowieso viel besser als Jungs. Ihr könnt mich alle mal. Und wenn ihr es genau wissen wollt: Ich bin nämlich ein Mädchen!!!« Nico ist stinkwütend.

Die Jungs hocken mit offenen Mündern auf dem Boden. Es ist totenstill. Eine Sekunde, zwei Sekunden, drei Sekunden. Dann bricht Jubel aus.

»Riesig!« brüllt Gerd allen voran und schlägt Nico anerkennend auf die Schulter. »Das war superspitzenklasse, Mann! Echt toll! Du hast es geschafft!«

Nico verschlägt es die Sprache. Alle klopfen ihr

auf die Schulter und schütteln ihr die Hand. »Das war die schärfste Lüge, die ich je gehört habe«, behauptet Sascha. »Das war so echt, daß ich es fast geglaubt hätte.«

»Jetzt bist du ein schwarzer Ritter!«

Beim Abendbrot fragt Papa Nico, ob sie schon neue Freunde gefunden habe.

»Ein paar ganz nette Mädchen und die schwarzen Ritter«, erklärt Nico so beiläufig wie möglich.

»Schwarze Ritter?« fragt Papa.

»Ja«, kichert Nico. »Die werden am Montag in der Schule ganz schön dämlich aus der Wäsche gucken, wenn sie mitkriegen, daß ich ein Mädchen bin.«

Klaus-Peter Wolf

Oswald ist ein netter Kerl

Wir saßen am Frühstückstisch und spielten Schimpfwörtererfinden. Ich bekam für DICK-FLÜSSIGER DRACHENFURZ hundert Punkte und ging klar in Führung. Beim Schimpfwörter-erfinden gewinne ich meistens. Dann kam Wett-schreien dran. Ma riß ein Brötchen auseinander und stopfte es sich in die Ohren, weil sie das Geschrei nicht so gut vertragen kann, und kreischte los. Das Mikrophon von unserem Kas-settenrekorder nahm vom Badezimmer aus auf. Wer es schaffte, durch die Wand und zwei Türen hindurch die Tonanzeige in den roten Bereich zu brüllen, hatte gewonnen.

Pa und ich saßen vor dem Kassettenrekorder, während Ma sich in der Küche abstrampelte und langsam heiser wurde.

Der Zeiger rutschte auch in den roten Bereich, aber nicht bis zum Anschlag durch.

Dann war Pa dran. Der hatte es etwas leichter als Ma, denn die Leute unter uns klopften voller Begeisterung mit Besen und Schrubbern gegen die Decke. Das machen sie sonntags morgens fast immer, wenn wir unsere Frühstücksspiele beginnen. Sie unterstützten Pa damit auf fast unfaire Weise. Ich wollte schon runtergehen und sie zurechtweisen, aber Ma sagte: »Laß sie doch. Die wollen auch ihren Spaß haben.«

Pa brüllte nicht nur wie ein Stier, er hämmerte auch noch mit den Fäusten auf der Tischplatte herum. Die halbvollen Tassen und Marmeladengläser begannen zu tanzen. Zuletzt wackelte der ganze Boden, und das stachelte die Leute unter uns zu Höchstleistungen an. Mit ihrer Hilfe gelangte Pa in den roten Grenzbereich. Keine Frage, er hatte Ma geschlagen.

Sie war aber damit nicht einverstanden und protestierte: »Es war nicht ausgemacht, daß man auch auf dem Tisch rumtrommeln darf. Du hast geschummelt. Es gilt nur, was man mit der eigenen Stimme schafft.«

Pa fand diesen Einwand »kleinkariert«.

Ich war dran. Und ich wußte, daß ich hundertprozentig gewinnen würde. Ich holte alle Tassen und Teller aus dem Küchenregal und hob sie hoch über meinen Kopf.

»Neeeein!« schrie Pa. »Sachenkaputtmachen gilt nun wirklich nicht.«

Wir einigten uns auf eine neue Regel. Ma schrieb sie groß mit Rübensirup auf die Küchentür, damit es keine Mißverständnisse mehr geben konnte. Schließlich wollten wir einen fairen Wettkampf, denn es ging um die wichtige Frage: Wer räumt den Küchentisch ab?

Ma schrieb auf die Tür: JEDER SOLL ZWEI MINUTEN LANG SO VIEL KRACH WIE MÖGLICH MACHEN. DAZU DARF ER ALLE HILFSMITTEL BENÜTZEN, ABER NICHTS KAPUTTMACHEN.

Als erstes drehte ich die Stereoanlage auf volle Pulle. Das war klug, denn es rief auch die Leute über und neben uns auf den Plan, die jetzt fleißig mithalfen. Dann schlug ich die Bratpfanne gegen den Kochtopf. Das schepperte so tierisch, daß mein Goldhamster sich voller Panik unter der Holzwolle verkroch.

Ich schrie dabei in den höchsten Tönen, weil man den Zeiger damit am besten zum Ausschlag bringt.

Unser Vermieter trat von draußen gegen unsere Tür und bellte: »Aufmachen! Aufmachen! Sind Sie denn wahnsinnig geworden?«

Natürlich hörten wir das nicht, weil er viel zu leise war, aber später erzählte Elvira es mir, die war nämlich mit ihrer Mutter zwei Stockwerke tiefer zum Frühschoppen eingeladen und kriegte alles mit.

Ich hatte eindeutig gewonnen. Ein bißchen half mir dabei sicherlich, daß unser Vermieter Sturm klingelte. Mami, mit ihrem Brötchen in den Ohren, öffnete ihm. Er war leichenblaß und sah aus, als müsse er jeden Moment zusammenbrechen. Bei unserem Spiel hätte der keine Punkte gekriegt. Er flüsterte mit zitternder Stimme: »So etwas ist mir noch nie vorgekommen. Noch nie. Ich habe viel erlebt, aber davor hat mich das Schicksal bisher verschont.«

Aus seinen Worten schloß Ma messerscharf, daß er einen Todesfall in der Familie hatte, und bat ihn erst mal herein. Pa schob ihm einen Stuhl unter den Hintern, und ich holte für ihn eine Tasse ohne Sprung. Er bekam unseren guten Nicaraguakaffee mit Milch und Zucker.

Ma flößte unserem Vermieter den Kaffee ein, und Pa spulte das Tonband zurück, weil er sich die Aufnahmen noch einmal anhören wollte.

»Warum tun Sie das?« flüsterte unser Vermieter.

»Aus Spaß an der Freude«, sagte Pa und fragte gleich: »Was machen Sie denn sonntags mit Ihren Kindern?«

»Ach, meine Kinder, die sind längst groß und kommen mich schon lange nicht mehr besuchen.«

»Vielleicht haben Sie ja dann Lust, mit uns zu spielen, wenn Sie sonst so einsam sind, dann . . .«

Der Vermieter ließ Ma nicht aussprechen, sondern zeigte nur verstört auf ihre Ohren und fragte: »W . . . warum . . . ich meine . . . essen Sie immer mit den Ohren?«

Ma hatte das Brötchen ganz vergessen. Jetzt zog sie es raus und biß rein. »Hm – lecker. Wollen Sie mal probieren?«

»Nein, ich glaube nicht.«

»Also was ist?« fragte Pa. »Wollen Sie jetzt mitspielen oder nicht? Die Regeln stehen auf der Küchentür.«

»Sie wundgeschossenes Stinktier!« brüllte unser Vermieter plötzlich Pa an.

Pa klopfte ihm auf die Schulter. Er war begeistert. »Großartig! Ganz großartig! Im Schimpfwörtererfinden könnten Sie glatt meine Tochter schlagen.«

»Ich habe mit DICKFLÜSSIGER DRACHENFURZ gewonnen. Gut, was?«

Mami schlang die letzten Brötchenreste hinunter, und unser Vermieter fragte wieder: »Warum hatten Sie das Brötchen in den Ohren?«

»Na, weil ich den Lärm sonst nicht ertragen könnte. Sie müssen mich mal kreischen hören. Furchtbar, sage ich Ihnen. Ganz furchtbar.«

Er sagte noch: »Nein, bitte nicht!« Aber da war es schon zu spät. Ma gab eine Kostprobe.

Hastig griff sich unser Hausherr selbst einen Brötchenrest. Das Brötchen war von mir. Mit Nutella.

Er stopfte sich große Flocken davon in die Ohren und brüllte dann mit: »Uuuuuaaaaah!«

Die Leute unter uns hämmerten schon wieder mit ihren Besen und Schrubbern gegen die Decke, aber das störte uns nicht weiter. Wir trampelten als Antwort wie eine Elefantenherde auf den Boden. Pa feuerte uns an. »Schneller! Schneller! Wer als erster am Fluß ist, kriegt eine Erdnuß!«

Unser Vermieter zeigte Energien, die ich nie bei ihm vermutet hätte. Er trampelte noch schneller als Ma, und als Pa rief: »Vorsicht! Hindernis – rüberspringen«, da hopste er so hoch, daß er mit dem Kopf scheppernd gegen die Küchenlampe stieß.

Im Laufe des Vormittags stellten wir dann fest, daß er Oswald Esch hieß und eigentlich ein ganz netter Kerl war. Als er ging, vereinbarten wir noch, daß wir uns am nächsten Sonntag in seiner Wohnung treffen würden.

Donald Bisset

Klinge – linge – ling – Hallo!

Es waren einmal ein Mann und ein Telephon.
Eines Tages klingelte das Telephon, »Klinge –
linge – ling!«

Der Mann hob den Hörer ab und sagte: »Hallo!«
Von weit weg antwortete seine Frau.

»Hallo!« sagte sie. »Ich kann das Futter für die
Katze nicht finden. Wo ist es? Das arme Tier ist so
hungrig!«

»Oje!« sagte der Mann. »Das Futter für die Katze
habe ich in den Eisschrank gegeben!«

Alle diese Wörter sausten die Telephonleitung
entlang zu seiner Frau am andern Ende des
Drahts. Alle Wörter – bis auf: *Eisschrank.*

Das ist ein langes und schwieriges Wort. Es blieb
irgendwo stecken und konnte den andern Worten
nicht nachlaufen. Da begann es zu weinen.

146

»Ich will wieder zurück!« weinte es und machte sich auf den Weg.

Es entstand ein Gedränge.

»Stoß nicht so! Du gehst ja in die falsche Richtung!« riefen die andern Wörter. Aber das Wort Eisschrank wollte nicht hören.

Der Mann war sehr überrascht, als es wieder bei ihm anlangte. »Du bist ja blöd!« rief er. »Ich hab' meiner Frau gesagt, daß das Futter für die Katze im Eisschrank ist. Wenn aber das Wort Eisschrank nicht bis zu ihr durchkommt, weiß sie nicht, wo sie suchen soll, und die Katze bekommt kein Futter. Sie wird dünner und dünner werden, bis nur noch ein Miau von ihr übrigbleibt. Willst du das? Na, siehst du, das kannst du doch nicht wollen. Komm, sei ein liebes folgsames Wort. Ich schick' dich noch einmal durch den Draht. Gib acht, daß du nicht wieder steckenbleibst.« Dann lauschte er in den Hörer.

»Was hast du gesagt? Wo ist das Futter für die Katze?« hörte er seine Frau fragen.

»Ich sagte, im Eisschrank!« antwortete der Mann. Diesmal bemühte sich das Wort Eisschrank, gut durch den Telephondraht zu kommen und nicht steckenzubleiben.

Schneller als eine Weltraumrakete sauste es los. Und es sauste so schnell, daß es die anderen Wörter fast überholt hätte.

Damit wäre aber auch niemandem geholfen ge-

wesen, schon gar nicht der Katze. Das Wort Eisschrank gab sich also sehr große Mühe, gerade zur rechten Zeit anzukommen. Und es klappte.
Die Frau freute sich sehr und schickte es sofort wieder zurück zu ihrem Mann. »Fein!« sagte sie. »Ich sehe sofort im Eisschrank nach!«
So bekam die Katze endlich ihr Futter.

Gert Prokop

Vom Bett,
das nicht schlafen konnte

Es war an einem besonders stillen Abend, kein
Auto brummte auf der Straße, kein Flugzeug am
Himmel und auch nicht Großvater Josef im Sessel.
Großvater Josef war ausgegangen. So still war es,
daß man hören konnte, wie sich ein herunterge-
fallenes Haar auf dem Teppich kringelte. Plötz-
lich dröhnte ein schrecklicher Lärm durch das
Haus.

»Waswawas ist lololos?« fragte der linke Pantoffel den rechten Pantoffel. Vor Aufregung stotterte
er.

»Was war denn das?« rief der Lampenschirm entsetzt.

»Was ist geschehn?« gähnte die Katze.

»Hilfe! Hilfe!« schrie der Wecker und wollte

Alarm klingeln, da stöhnte, ächzte und krachte es wiederum. Jetzt merkten alle, woher der Lärm kam: Es war das Bett, das sich schüttelte, so daß es in allen Fugen krachte und die Federn quietschten.

»Was ist mit dir?« fragte der rechte Pantoffel besorgt.

»Ich kann nicht schlafen.«

»Deshalb weckst du das ganze Haus auf?« sagte die Katze empört. »Leg dich auf die Seite.«

»Meinst du, das hilft?«

»Mir hilft es immer.«

Das Bett legte sich laut polternd auf die Seite. Einen Augenblick war es still, dann jammerte es wieder: »Ich kann nicht schlafen.«

»Du mußt die Beine in die Luft strecken«, sagte die Katze.

Das Bett wälzte sich auf den Rücken und streckte seine Beine in die Luft, aber einschlafen konnte es so schon gar nicht.

»Versuch es doch mit Daumenlutschen«, sagte der linke Pantoffel.

»Hör nicht auf den Dummkopf!« knurrte der rechte Pantoffel. »Vom Daumenlutschen bekommt man schiefe Zähne.«

Aber das Bett hatte weder Daumen noch Zähne.

»Du mußt bis tausend zählen«, sagte der Wecker.

»Ich kann aber nicht zählen!«

»Ich helfe dir«, tröstete der Wecker das Bett, doch

er kam nur bis zur Zwölf, dann fing er wieder von vorne an.

»Und lesen? Lesen kannst du wohl auch nicht?« erkundigte sich der Lampenschirm. »Wenn Opa Josef nicht schlafen kann, liest er, bis er müde wird.«

»Unsinn«, knurrten die beiden Pantoffeln wie aus einem Mund, sie waren ausnahmsweise einmal einer Meinung, »vielleicht früher einmal, jetzt schläft Opa Josef immer beim Fernsehen ein.«

Doch das Bett konnte weder lesen noch den Fernseher einschalten. Als es das versuchte, stieß es fast den Apparat vom Tisch.

»Lauf dich müde«, schlug der Lampenschirm vor, »das ist das allerbeste Mittel.«

Das Bett machte sich sogleich auf den Weg durch die Stube, doch schon nach der dritten Runde wurde es ihm langweilig.

»Du solltest die Füße in kaltes Wasser stecken«, sagte der linke Pantoffel, »das hat Oma Josefine immer getan.«

Das Bett ging in die Küche und stellte vier Schüsseln mit Wasser auf den Boden. Kaum aber hatte es seine Füße in die Schüsseln gesteckt, da schrie es entsetzt auf und sprang mit allen vieren zugleich in die Luft. »Huih!« kreischte es. »Jetzt bin ich erst recht wach.«

»Dumm, dumm, dumm«, knurrte der rechte Pantoffel, »du mußt natürlich warmes Wasser nehmen.«

»Ein Glas Milch mußt du trinken«, sagte der linke Pantoffel, »das tut Opa Josef auch manchmal.«

Milch und Bier fand das Bett im Kühlschrank und eine Flasche Rotwein unter dem Küchentisch. Viel hilft viel, dachte es, goß sich zuerst die Milch in den Bauch, dann das Bier und zum Schluß den Rotwein. Weiße, gelbe und rote Flecken breiteten sich über das blaugewürfelte Bettzeug aus; bald war das Bett bunt gescheckt, aber müde wurde es immer noch nicht. Niedergeschlagen trabte es ins Schlafzimmer zurück.

»Zieh den Vorhang zu«, sagte der linke Pantoffel, »der Mondschein stört beim Schlafen.«

»Unsinn«, knurrte der rechte Pantoffel, »weit aufmachen mußt du das Fenster. Frische Luft ist gesund.«

Das Bett machte das Fenster auf. Dabei wäre es fast hinausgefallen, denn von dem Bier und Wein wurde ihm schwindlig. Es stellte sich in seine Ecke und weinte.

Da kam Opa Josef nach Hause. Als er das weißgelbrot gescheckte Bett erblickte, stöhnte er laut: »Nein, was ist denn nun schon wieder los!«

»Ich kann nicht schlafen«, schluchzte das Bett und erzählte, was es alles versucht hatte, um einschlafen zu können. »Weil ich so allein war!« sagte es zum Schluß vorwurfsvoll.

»Aber du bist doch kein Baby«, antwortete Opa
Josef.

Da schämte sich das Bett, denn ein Baby war es ja
tatsächlich nicht. Opa Josef streichelte sein Kissen.
»Lieg ganz still, und stell dir was Schönes vor,
zum Beispiel, wie ein bunter Drachen in den Himmel steigt und mit den Wolken Versteck spielt.«
Das Bett stellt es sich vor, und kaum hatte der
Drachen sich hinter der ersten Wolke versteckt,
da war es eingeschlafen. Es merkte nicht einmal,
wie Opa Josef ihm die schmutzige Wäsche aus-
und frische, rotkarierte Bezüge anzog. Aber als
Opa Josef ins Bett kroch, kuschelte es sich an ihn.

Fredrik Vahle

Vom Joghurtbecher,
der die Zunge rausstreckte

Es war einmal ein Joghurtbecher, der streckte allen Leuten die Zunge raus. Jemand hatte ihm mal gesagt, er sei häßlich. Da dachte sich der Joghurtbecher: »Wenn schon häßlich, dann richtig häßlich«, und fing an, den Leuten die Zunge rauszustrecken.

Zuerst kam ein Radfahrer.

Schwudelewupp . . . bäh!

Der Radfahrer schüttelte den Kopf und fuhr weiter.

Dann kam ein Polizist.

Schwudelewupp . . . bäh!

Der Polizist guckte schnell weg, denn was er mit einem Joghurtbecher machen sollte, der die Zunge rausstreckt, wußte er nicht.

Dann kam ein Eisverkäufer vorbei. Der wollte gerade Feierabend machen, blieb stehen und guckte.

Der Joghurtbecher machte wieder: Schwudelewupp . . . bäh!

»Noch mal«, sagte der Eisverkäufer.

Schwudelewupp . . . bäh!, machte der Joghurtbecher.

»Noch mal«, sagte der Eisverkäufer.

Schwudelewupp . . . bäh!, machte der Joghurtbecher.

»Weißt du was«, sagte der Eisverkäufer, »du hast eine wunderschöne Zunge.«

Schwudelewupp . . . bäh???, machte der Joghurtbecher.

»Ja, wirklich eine wunderschöne Zunge.«

»Das hat mir noch niemand gesagt«, sagte der Joghurtbecher, »und ich dachte immer, ich wäre ganz häßlich.«

»Ganz häßlich ist niemand«, sagte der Eisverkäufer. »Der eine hat schöne Finger, der andere einen schönen Bauch und der dritte schöne Ohrläppchen. Und du hast eben eine schöne Zunge. Und was heißt eigentlich schön? Manche Leute sind nämlich auch schön doof. Über deine Zunge kannst du dich wirklich freuen, und ich schenke dir auch dafür mein allerschönstes Eis.«

»Schwudelewupp . . . und danke schön«, sagte der Joghurtbecher und vergaß ganz, dem nächsten, der vorbeikam, die Zunge rauszustrecken.

Kurt Wölfflin

Blauer Montag

Als Ottokar am 31. Februar aus dem Bett stieg, merkte er sofort, daß irgend etwas nicht stimmte. Wahrscheinlich bin ich mit dem verkehrten Bein aufgestanden, dachte Karotto und kalenderte auf den Blick. Er wollte sich wieder ins Leg betten, da weckerte der Läuter. Das wird ein blauer Tagmond! karottete Seufze und badete ins Ging. Er gesichtete das Wusch und zähnte sich die Putze. Dann gewandete er das Zieh an und kaffeete den Trank.

»Spät nicht zu komm!« mutterte die Sage.

Karotto schulte in die Ging.

Dort kinderten schon viele Waren. Als die Läute glockte, plätzten sie sich schnell auf die Setze.

Der Kam lehrerte, und die Fing stundete an.

Zuerst lehrte der Schauer die Aufhausgaben an.

Dann tafelte er auf die Schreibe, und die Passer kinderten gut auf.

Dann liederten sie ein Sang. Sie geschichteten die Lese vom Mannen Klein und der Missen Klein. Die Lust war sehr geschichtig.

In der Pause frühbrotstückten sie in die Ess und milchten die Trinke. Karotto apfelte gerade in seinen Biß, da freundete ihn sein Stoß an, und der Fall apfelte auf den Boden. Karotto rötete sofort lauf an. Er freundete sich auf den Stürz und haarte ihn am Zog. Sein Freund fußte ihn gegen den Tritt. Da lehrerte der Komm.

»Ihr zwei, eckt sofort in die Stehe! Und als Schreibe straft ihr einen Satzauf!« lehrerte der Sage.

Da weinte Karotto zu fangen an. Er schuldete sich gar nicht fühlig. Nur weil ich mit dem falschen Steh aufgebeint bin, dachte Karotto. Diese blöden, blauen Tagmonde!

Franz Hohler

Ein schöner Nachmittag

*E*ine Badewanne und eine Hausapotheke hatten
einen freien Nachmittag und machten zusammen
einen Spaziergang. Nach einer Weile wurden sie
müde und beschlossen, in einen Tea-Room zu
gehen, der sich in der Nähe befand. Sie setzten
sich an einen Tisch, und die Hausapotheke bestellte zwei Tee mit Zitrone und für jedes einen
Apfelkuchen. Den Tee fand die Badewanne nicht
besonders gut, aber als sie den Apfelkuchen hin-
unterschluckte, war sie ganz begeistert und flüsterte der Hausapotheke etwas zu. Diese winkte
dem Kellner und bestellte alle Apfelkuchen, die
noch da waren. Als er sie gebracht hatte, schluckte
die Badewanne einen nach dem anderen hinunter, bis das ganze Tablett leer war.

»So«, sagte sie zufrieden, »und jetzt gehen wir nach Hause.«

Da kam der Kellner mit einer Rechnung für zwei Tee und fünfundzwanzig Apfelkuchen, aber weder die Hausapotheke noch die Badewanne hatten Geld.

»Dann«, sagte der Kellner, »müssen Sie hierbleiben, bis die Rechnung bezahlt ist.«

»Das kommt gar nicht in Frage«, sagte die Badewanne, zog ihre Dusche hervor, spritzte den Kellner von oben bis unten voll und ließ sie so lange laufen, bis der ganze Tea-Room ein einziger See war und die Tische und Stühle im Wasser herumschwammen.

Dann gingen die Hausapotheke und die Badewanne nach Hause, und beide fanden, einen so schönen Nachmittag hätten sie schon lange nicht mehr gehabt.

Christine Nöstlinger

Die Geschichte
vom schwarzen Mann und
vom großen Hund

Jedesmal, wenn der Willi etwas tat, was der Mutter nicht gefiel, sagte die Mutter: »Willi, der schwarze Mann wird dich gleich holen!« oder: »Willi, der große Hund wird kommen und dich beißen!«
Der Willi dachte oft an den schwarzen Mann und an den großen Hund und malte sich aus, wie die beiden wohl aussehen mochten. Den großen Hund stellte sich der Willi sehr wild vor. Mit Borstenhaaren und Feueraugen, mit einer Teufelszunge und Vampirzähnen.
Den schwarzen Mann stellte sich der Willi sehr

groß vor. Und sehr breit. Mit riesigen Händen und grünen Augen im krebsroten Gesicht.

Einmal saß der Willi in seinem Zimmer und zerlegte den Wecker. Er wollte nachschauen, warum der Wecker läuten konnte. Gerade als er den letzten Knopf von der Weckerrückseite abgeschraubt hatte, ging die Zimmertür auf. Der schwarze Mann und der große Hund kamen herein.

Die beiden sahen ganz anders aus, als der Willi gedacht hatte. Sie waren uralt und ziemlich schäbig. Der große Hund war dick, hatte kurze Beine, breite Hängeohren und fast keine Haare. Zwischen den wenigen grauen Locken schaute überall rosa Haut hervor. Aus seinem zahnlosen Maul hing eine feuchte rosa Zunge. Seine Augen waren wasserblau. Der schwarze Mann war nicht größer als einen halben Meter. Er hatte schneeweiße Haare und ein Gesicht voller Runzeln. Sein magerer Körper steckte in einem schwarzen altmodischen Samtanzug.

Der große Hund legte sich neben Willi auf den Boden. Der schwarze Mann schaute auf den Willi und auf den Wecker und schüttelte den Kopf und sagte: »Ohne Schraubenzieher wirst du da nicht weiterkommen!«

Der schwarze Mann zog einen Schraubenzieher aus der Hosentasche und gab ihn dem Willi. Der Willi konnte mit dem Schraubenzieher nicht recht umgehen. Immer wieder rutschte der Schraubenzieher aus dem Schraubenschlitz. Der schwarze Mann plagte sich eine Stunde lang mit dem Willi und dem Wecker herum. Dann war der Wecker zerlegt.

Der große Hund grunzte zufrieden.

Plötzlich hörten sie die Mutter kommen. Der schwarze Mann und der große Hund krochen unter Willis Bett.

Willi saß allein mit dem zerlegten Wecker auf dem Fußboden, als die Mutter ins Zimmer kam.

Während die Mutter die Weckerräder und die Weckerschrauben aufsammelte, schimpfte sie fürchterlich: »Willi, gleich wird dich der schwarze Mann holen!« und: »Willi, gleich wird der große Hund kommen und dich beißen!«

Aber das machte dem Willi nichts aus, denn er wußte ja jetzt, wer die beiden waren.

Der schwarze Mann und der große Hund blieben beim Willi. Am Tag spielten sie mit Willi. In der Nacht schliefen sie beim Willi im Bett. Nur wenn die Mutter ins Zimmer kam, krochen sie geschwind unter das Bett.

Der schwarze Mann hatte schöne Einfälle.

Wenn der Willi den Hagebuttentee nicht trinken wollte, goß der schwarze Mann mit dem Hagebuttentee den Gummibaum. In der Nacht, wenn der Willi von einem Geräusch erwachte und nicht mehr einschlafen konnte, erzählte der schwarze Mann lustige Geschichten.

Oder der schwarze Mann bemalte die Mauer hinter Willis Bett mit lauter kleinen schwarzen Männern.

Oder der schwarze Mann holte heimlich aus der Küche Salz und Kakao und Majoran und Pfeffer und Essig und machte daraus mit dem Willi einen dicken Brei.

Der große Hund tat nicht viel. Er schlief, oder er grunzte zufrieden. Und jeden Dienstag aß er Willis Kohlsuppe. Wenn der Willi eine Stunde in der Küche vor dem Kohlsuppenteller gesessen und noch immer keinen Löffel davon gegessen hatte, trug die Mutter den Kohlsuppenteller ins Kinderzimmer und sagte: »Willi, hier bleibst du so lange, bis der Teller leer ist!«

Der große Hund mochte Kohlsuppe. Kaum war die Mutter aus dem Kinderzimmer, schlabberte er den Teller leer.

Eines Tages saßen der Willi und der schwarze Mann und der große Hund im Kinderzimmer und dachten darüber nach, ob sie Vaters Briefmarkenalbum zum Spielen holen sollten. Sie dachten so angestrengt nach, daß sie die Mutter nicht kommen hörten. Als die Zimmertür aufging, krochen der schwarze Mann und der große Hund unter das Bett. Doch sie waren nicht schnell genug. Die Mutter sah das Hinterteil des großen Hundes unter der Bettdecke verschwinden. Sie fragte: »Willi, was hast du da unter dem Bett?«

Der Willi sagte: »Den schwarzen Mann und den großen Hund habe ich unter dem Bett!«

»So ein Blödsinn«, sagte die Mutter und bückte sich und schaute unter das Bett und schaute dem großen Hund mitten in die wasserblauen Augen. Die Mutter stieß einen Schrei aus und lief in die Küche und kam mit einem Besen bewaffnet zurück. Sie stocherte mit dem Besen unter dem Bett herum. Sie murmelte: »Komm heraus, du Biest!« Unter dem Bett begann es fürchterlich zu fauchen und zu zischen. Dann wackelte das ganze Bett, und der schwarze Mann und der große Hund kamen hervor.

Der schwarze Mann war aber nicht mehr einen halben Meter groß, sondern zwei Meter und ziemlich breit, und seine Augen funkelten grün, und sein Gesicht war krebsrot.

Der große Hund sah entsetzlich wild aus. Seine wenigen Locken standen borstensteif in die Höhe, und sein Maul war voll spitzer, langer Zähne.

Die Mutter flüchtete in die Küche. Der schwarze Mann und der große Hund liefen hinter ihr her. Die Mutter kroch unter den Küchentisch.

»Willi«, bat sie, »Willi, sag dem schwarzen Mann und dem großen Hund, daß sie mir nichts tun sollen!«

Der Willi rief: »Schwarzer Mann! Großer Hund! Die Mutter fürchtet sich! Erschreckt sie nicht!«

Der schwarze Mann brüllte: »Zuerst sagt die Mutter dauernd, daß wir kommen werden, und wenn wir dann da sind, heult sie!«

Der große Hund bellte: »So eine Frechheit! Mich haben schon viele Mütter geholt! Aber mit dem Besen hat mich noch keine gestochen!«

»Schwarzer Mann, großer Hund«, bat der Willi, »geht in das Kinderzimmer, bitte!«

Da schrumpfte der schwarze Mann auf einen halben Meter, und der große Hund verschluckte seine Vampirzähne. Sie schauten wieder uralt und ziemlich schäbig und sehr freundlich aus und trotteten ins Kinderzimmer.

Die Mutter kroch unter dem Küchentisch hervor. »Ach, Willi«, stöhnte sie, »ach, Willi, nie mehr rede ich ein Wort vom schwarzen Mann und vom großen Hund!«

Der Willi nickte und sagte: »Das wird gut sein! Sonst erschreckst du dich wieder so sehr!«

Quellenverzeichnis

Martin Auer, *Der berühmteste Mann der Welt* aus: ders., »Was niemand wissen kann«, Gulliver Taschenbuch 114. © Beltz Verlag/Programm Beltz & Gelberg, Weinheim und Basel 1986.

Barbara Bartos-Höppner, *Der Ritt auf der Kanonenkugel* aus: dies., »Münchhausen«. © Arena Verlag GmbH, Würzburg.

Donald Bisset, *Klinge – linge – ling – Hallo!* aus: ders., »Gute-Nacht-Geschichten für wache Kinder«. © Literarische Agentur Mohrbooks, Zürich.

Ilona Bodden, *Das Katzentischtuch* aus: dies., »Das Katzentischtuch«. © Verlag Ludwig Auer GmbH, Donauwörth 1976.

Das Unglaubliche aus: »Deutsche Märchen seit Grimm« (Reihe »Märchen der Weltliteratur«). © Eugen Diederichs Verlag, München.

Der Lügenkönig aus: Käte Müller-Lisowski (Hrsg.), »Irische Volksmärchen« (Reihe »Märchen der Weltliteratur«). © Eugen Diederichs Verlag, München.

Josef Guggenmos, *Die Geschichte von Pfingsten bis Weihnachten* aus: »Kinderland – Zauberland«. © Georg Bitter Verlag, Recklinghausen 1968.

Franz Hohler, *Ein schöner Nachmittag*. © Franz Hohler.

JANOSCH, *Der Silberlöwe mit den spitzen Zähnen* aus: ders., »Der Mäusesheriff«. © Georg Bitter Verlag, Recklinghausen 1981.

Erich Kästner, *Der 35. Mai* aus: ders., »Der 35. Mai«. © Atrium Verlag, Zürich.

Ute Keil, *Nico und die schwarzen Ritter* aus: Marion Schweizer (Hrsg.), »Lügen haben lange Beine und andere wahre Geschichten«. © Elefanten Press, Berlin 1992.

Franziska Kusch/Hermann-Josef Schüren, *Können Zähne fliegen?* aus: dies., »Können Zähne fliegen?« rotfuchs 581. © Rowohlt Taschenbuch Verlag GmbH, Reinbek 1990.

Paul Maar, *Vorsicht, Niesgefahr!* aus: ders., »Summelsarium«. © Verlag Friedrich Oetinger, Hamburg 1973.

Christine Nöstlinger, *Die Geschichte vom schwarzen Mann und vom großen Hund* aus: dies., »Eine mächtige Liebe«. © Beltz Verlag/Programm Beltz & Gelberg, Weinheim und Basel 1991.

Otfried Preußler, *Der Löwe ist ein Raubtier* aus: ders., »Herr Klingsor konnte ein bißchen zaubern«. © K. Thienemanns Verlag, Stuttgart – Wien 1987.

Gert Prokop, *Vom Bett, das nicht schlafen konnte* aus: ders., »Gute-Nacht-Geschichten für verträumte Kinder«. © Benziger Edition im Arena Verlag GmbH, Würzburg 1992.

Ursel Scheffler, *Der Eierklecks* aus: dies., »Der Lügenbeutel: Unglaubliche Geschichten«. © Franz Schneider Verlag GmbH, München 1987.

Karla Schneider, *Backpfeife – Nachtfalter – Tomatenmark* aus: dies., »Lauter Windeier«, Gulliver Taschenbuch 124. © Beltz Verlag/Programm Beltz & Gelberg, Weinheim und Basel 1992.

Christel Süßmann, *Flunkerfest bei Pete Pelleworm*. © Christel Süßmann.

Jonathan Swift, *Eine Reise nach Lilliput* aus: ders., »Gullivers Reisen«. © Arena Verlag GmbH, Würzburg 1993.

Fredrik Vahle, *Vom Joghurtbecher, der die Zunge rausstreckte* aus: ders., »Fischbrötchen beim Friseur«. © Gertraud Middelhauve Verlag, München 1990 und 1993.

Klaus-Peter Wolf, *Endlich ein Loch im Auto / Oswald ist ein netter Kerl* aus: ders., »Total wahre Flunkergeschichten«. © Klaus-Peter Wolf.

Kurt Wölfflin, *Blauer Montag*. © Kurt Wölfflin.

Wir danken den jeweiligen Autoren und Verlagen für die freundliche Genehmigung zum Abdruck vorstehender Beiträge. Sollten in »Lügen- und Flunkergeschichten« urheberrechtlich geschützte Werke aufgenommen worden sein, deren Quellen hier nicht angeführt sind, so konnten diese trotz intensiven Nachforschens des Verlages nicht ermittelt werden. Wir bitten die Besitzer solcher Rechte, sich mit uns in Verbindung zu setzen.